文创产品创新融合设计

曾华晖　林姗　著

INNOVATIVE

CULTURAL

INTEGRATED

WUHAN UNIVERSITY PRESS
武汉大学出版社

图书在版编目(CIP)数据

文创产品创新融合设计／曾华晖,林姗著. -- 武汉：武汉大学出版社, 2025.7. -- ISBN 978-7-307-24977-6

Ⅰ.G114

中国国家版本馆 CIP 数据核字第 2025CU1913 号

责任编辑:胡 艳 陈卓琳 责任校对:杨 欢 版式设计:马 佳

出版发行:**武汉大学出版社** (430072 武昌 珞珈山)

(电子邮箱:cbs22@whu.edu.cn 网址:www.wdp.com.cn)

印刷:武汉邮科印务有限公司

开本:720×1000 1/16 印张:9.25 字数:185 千字 插页:3

版次:2025 年 7 月第 1 版 2025 年 7 月第 1 次印刷

ISBN 978-7-307-24977-6 定价:39.00 元

"独钓寒江雪"文创产品

高级漆艺笔筒

国家博物馆文创产品

故宫文创产品

"青城迹"旅游品牌推广海报(郭鑫焱)

桃花坞木版年画

"猫的天空之城"书店

木乃伊造型文具

漆艺镇纸

"福"文化创意剪纸(黄丽萍)

"福"文化创意剪纸(黄丽萍)

"齐天大圣"剪纸(黄丽萍)

植物锤染文创产品(周丫丫)

皮艺文创产品(文奇工作室)

前　言

在当今这个文化多元化、创意无限的时代，文创产品作为连接传统文化与现代审美的桥梁，正以其独特的魅力引领着市场的潮流。随着消费者精神文化需求的日益增长，文创产品已超越物质商品范畴，承载着文化传播、审美体验与情感共鸣的多重价值。然而，面对日益激烈的市场竞争和消费者不断变化的审美需求，如何推动文创产品的创新融合设计，实现其文化内涵与市场需求的融合，成为当前文创产业亟待解决的关键问题。本书旨在深入探讨文创产品设计的理论、方法与实践路径，为文创产业的创新发展提供新的思路与策略。

本书围绕文创产品设计的核心要素与创新融合的发展方向展开，不仅系统梳理了文创产品设计的理论基础与设计原则，还详细阐述了设计流程中的各个环节。同时，本书进一步探讨了文创产品与用户体验、不同艺术元素以及地域文化的创新融合设计，并探讨了如何在尊重传统文化的基础上，巧妙融入现代设计理念与技术手段，创造出既具有文化底蕴又符合市场需求的文创产品。同时，本书还关注新媒体时代下文化创意产业发展的新趋势，探讨文创产品在旅游、农业、影视等多个领域的创新融合与应用，为文创产品的跨界融合提供了广阔的视野。

本书旨在通过深入浅出的论述，为文创产品设计者、文化产业从业者及相关领域学者提供一本兼具理论性与实践性的参考书籍。相信通过本书的阅读与学习，读者不仅能够掌握文创产品设计的核心技能与创新思维，更能在实践中不断探索与尝试，推动文创产业的持续繁荣与发展。本书主体采用黑白印刷，为了让读者能更直观、生动地感受文创产品的魅力，我们精心选取了一些有特色的、与文创产品设计相关的图片作为彩插呈于书前，旨在为您提供更丰富的视角，希望能为您的阅读增添乐趣。

期待本书能够激发读者更多关于文创产品设计的思考与讨论，共同推动文创产业的创新发展，让文化之光照亮每一个角落。敬请各位读者不吝赐教，您的宝贵意见将是我们不断进步的动力。

目　　录

第一章 文创产品设计的理论与创新融合发展方向

第一节 文创产品及其设计理念解读

一、文创产品的认知

文创产品①是指具有文化内涵并对文化内容进行形式上的再创新的产品，它既具备实用价值，又能传递精神文化价值。文化创意产品的核心内容是基于相关文化的创意理念，设计出具有创意和文化价值的产品。文创产品设计，是将器物所蕴含的文化因素以符合现代生活理念的形式进行转化，并强调产品在使用过程中的附加价值。随着现代社会的不断发展，消费者已不再仅仅满足于产品的实用价值，产品的个性化、差异化成为消费者的追求目标，这也让文创产品成为市场上受人瞩目的消费品。文创产品的文化附加值明显高于普通产品。

(一) 文创产品的重要意义

1. 在形式上对文化进行转化

创意作为实现文化价值和产品价值的核心驱动力，其最大的意义在于对文化的转化，以有趣的、易于接受的方式促进文化的传播与传承。不可否认的是，好的创意可以让文化转化的效率最大化，而不合适的创意可能影响文化传达的准确性。

2. 推动文化发展

文化创意产品兼具多种特性，能够带给消费者差异化的消费体验。如今，随着社会经济的发展和国家的高度重视，文化创意产业持续繁荣，日趋成熟，文创产品发展的空间越来越宽广，在市场经济环境下竞争日益激烈。文创产品是文化创意产业的重要组成部分，因此进行文创产品的开发有助于推动文化创意产业的发展，也有助于进行特定文化的推广与弘扬。

---

① 文创产品，即"文化创意产品"，英文为 Cultural and Creative Product，意为源于文化主题，经由创意转化，具备市场价值的产品。

3. 提高文创行业品质

独具创意的外观设计是成熟的文创产品的基本要素，此外，成熟的文创产品还需要取得消费者的价值认同。新时代下的消费市场已经改变，消费者对产品的外观、创意内涵、文化价值等都有着不同的理解和追求，因此文创产品要结合消费者的需求做出改变，提高产品品质、确保设计的合理性和增加其附加值，满足消费者多方面、多层次的需求，才能使文创商品市场焕发出新的生机。

4. 推动景区旅游业发展

首先，文创产品加深了游客的体验感。文创产品作为文化载体，在旅游业中具有很大的发展前景，例如，成都的"熊猫经济"衍生出景区文创产品，旅客在游玩后，往往会购买具有当地特色的商品以作纪念，而"熊猫经济"就是根据大熊猫这一特色，衍生出了一系列具有熊猫元素的产品。游客在购买这些文创产品后都愿意在社交平台分享或赠送给身边的人，这些产品提升了游客的旅游体验感，加深了游客对旅游地文化特征的认知，并且传播了旅游地的特色文化，拉动了潜在消费。其次，文创产品能有效传播景区文化。若将景区文创产品品牌化，可以有效传递景区的精神文化内涵。文创产品品牌化后无论是在景区内部传播，还是在社会传播，都能够有层次地集中体现景区文化特色并且树立良好的景区形象。最后，文创产品有利于景区的整合营销。品牌化的景区文创产品可以集中展示和宣传景区文化，通过官网、社交平台等媒介统一宣传推广，也可以结合景区自身的资源优势，利用景区丰富的生态资源和社会平台，在品牌化的基础上不断研发、生产，从而形成迭代的创意产品。

(二) 文创产品的价值分析

文创产品乘着知识经济时代的东风得到迅速发展，由于其兴起的时间并不长，还需要一个过程来使大众对其价值形成更清晰的认知。相比较于一般的产品，文创产品的价值构成更为多样。普通产品价值的决定要素是社会必要劳动时间、市场的供需关系等，而文创产品价值的决定要素更为复杂，总体而言，文创产品的价值具有显性和隐性两方面的特征。文创产品带给消费者的使用感受、使用功能等是其显性价值，而文创产品中所蕴藏的文化内涵和文创产品设计中的创意等是其隐性价值。

1. 文创产品的显性价值

文创产品的文化价值需要依托于形式，而承载不同文化内涵的形式就表现为文创产品的显性价值。具体可感知的载体和形式是消费者认识文创产品价值的一个重要途径，文创产品的高附加值也需要依托于一定的载体形式来呈现。不同的消费者对文创产品的感知不同，有的是通过文创产品的功能来感知其价值，有的是通过文创产品的文化信息来感知其价值，有的甚至是通过体验感知产品的价值。因此，文创产品外在表现出来的功能价值、信息价值和体验价值就可以被认为是文创产品的显性价值。

一般的产品想要提高商品价值往往会从功能着手，使产品具有更好的使用价值，从而获得消费者青睐，赚取更高的利润。尽管功能价值对文创产品来说也是不可或缺的部分，但是文创产品的价值并不止步于此。

2. 文创产品的隐性价值

文化内涵与创意价值是文化产品最丰厚的隐性价值，也是文创产品在市场中的核心竞争力，是文创产品高附加值的来源。文创产品的文化内容离不开文化资源，我国悠久的历史文化、丰富的地域文化和多样的民族文化为文创产品提供了取之不尽用之不竭的文化资源。文化资源不等于文化价值，文化资源要经过价值创造才能实现文化价值。文创产品设计和生产的过程就是赋予文化资源以市场价值的过程，文化资源可以直接附着在文化产品上获得商品价值，也可以通过其影响力成为文化产品的附加值。

(三) 文创产品的要素表达

工业社会的产品设计理念发展曾长期依赖一种高投入、大批量的生产方式，在现代传媒和广告的鼓动之下，有计划地废止成为一种消费常态。物质产品的生产沿着"原料—大规模生产—大众消费—报废"的轨迹，然而现代社会中的人在享受物质带来的快感和便利的同时，也产生了回归传统、追求质朴生活的需求。文创产品正是为满足该需求而产生的，要成为文创产品就必须具有文化、创意、体验、符号、审美等要素特征。

1. 文化要素

"文化"这个词耳熟能详，如海洋文化、闽越文化、茶文化、兰文化等。"文化"一词很神奇，不管是何种生活琐事，只要套用上文化，便会表现出有历史、有内涵的特质。然而，文化有时也让人感到陌生，人们无法像掌握具体的事物一样来把握文化，这是由于文化在世界上不具有对应的实物。人们也无法列出一些具有描述性质的词来阐明其属性，虽然唐诗、宋词、剪纸等都属于文化，然而文化并非一个集合名词，否则文化就成为人类历史所创造的一切事物的杂货铺了。

"文化"的英文是"culture"，原意是指培育、种植，引申为脱离原始状态。在中国，"文化"有人文教化的意思，即用共同语言来规范人们各方面的行为活动，偏向于教育意义。文创产品设计将文化创意产业和传统制造产业结合起来，并在实践中融合文化，赋予新产品更多感性的附加价值，使之优于传统产品。

如上所述，文化主要包括器物、制度和观念三个层面，而文创产品正是借助器物来彰显观念与制度，这也是对现代主义设计与产品发展至顶峰而产生的同质化国际化风格的对抗表现。这种国际化风格让整个世界显得高度一致，世界各地、各民族原有的文化开始慢慢消失，但地域文化和当地百姓的生活习惯是经过了很长时间才得以形成的历史产物，是一个国家、地区、民族发展历程的非物质"记忆"，具有很高的研究价值。当下，地域文化又再次引发关注，人们对于世界文化和地域文化之间的联系产生了新的见解，对本国、本民族的社会文化价值投入了更高的关注，并在产品设计中注入相关信息，所以这些产品很容易引起人们对历史文化的联想。在文创产品设计中，文化要素主要包含了两个方面的意思：一是纵向的历史性文化，即文脉（context），原指文学作品中的上下文；二是语言学中的语境，即语言的应用情景，引申为一种事物与其他事物在时间上存在的关系。在设计中，刘先觉先生将其译作"文脉"，更多地应理解为文化。

2. 符号要素

象征，主要是指用一些具象的符号来替代某些抽象性较强的含义或情感。简而言之，象征就是运用某些符号来表达相应的意义。符号创造是人类区别于动物的关键特征之一，特别是进入大众传播时代以来，各种大众传媒利用先进的产业技术和传播技术无时无刻不在为人们提供大量的信息，把各种充满象征意义的符号带入人们的生活。例如，有人喜欢身着汉服出去旅游，而汉服就是一个具有象征意义的符号，代表了中国源远流长的服饰文化。

随着现代传媒的发展，产品的符号意义越来越多样且深刻，所以设计师在挖掘产品符号时应比研究产品性能、功能等内容花费更多心思。文创产品之所以能被冠以"文化"二字，也是因为其利用产品的造型来表达一种文化内涵，从而使该产品成为承载该种文化的符号。

人和人之间是借助语言、表情、手势等实现交流的，而物和人之间则主要借助符号进行交流。人在赋予产品一定功能的同时，也会注重其形态的塑造。而物的形态能够传达出一定的性格特点，使其产生鲜明的生命力。人们在使用产品时，会获取一些信息，把握其内在的精神和内涵，进而在生理或心理的层面形成直接的反应。文创产品便是借助合适的创意技巧来塑造产品的形态与运用环境，从而达到传达某种文化价值的目的。文创产品的符号性体现以下层面的文化意义：

（1）对于流行审美文化的符号表达。消费者根据文创产品的造型对产品产生感性认识，再由感性认识延伸出深层的感觉和情感。在固定的时代或地域中，人们对各种流行审美文化（如柔美、轻盈、高雅、新奇、科技范、活跃感、趣味性等）的理解是相同的，但在不同时代或地域中，人们的认知却不同。可见，消费者对产品产生的感觉和情感会在社会文化发生改变时随之产生变化。例如，苹果公司在不同时期出品的 G3、G4、G5 电脑有着不同的形态、色彩和材料质感，这是因为社会的总体审美趋向在发生变化。再如，汽车外观设计"崇尚黑色—崇尚彩色—崇尚黑色"的变化过程充分地说明了社会对色彩的审美变化。

(2)对于消费者自身文化符号认同的表达。每一个消费者的生活环境、学识修养等都是不同的，因而在生活品位、思想水平和艺术鉴赏能力等方面都表现出了不同的文化符号认同特征。文创产品设计正好利用了产品在环境的影响下能够产生特定含义这一特点，满足消费者在流行时尚、社会审美价值等方面的追求。

(3)对于历史文化、流行文化或是某种特定文化的表达。文创产品通过自身的叙事抒情表达特定的情感、文化感受，展现社会意义、仪式、风俗、历史等。文创产品的这些内涵可通过图腾、吉祥物、标志、特定图案等组合进行表达。

3. 创意要素

社会信息化的发展、知识经济的蓬勃发展与文创产业的欣荣都代表着人类生产方式的革新，由通过体力劳动进行生产转变为通过脑力劳动进行生产。与此同时，人们将文化信息以及知识视为重要的新生产资料，并将人类的创意视为推动经济发展的主要源泉之一。创意是文创产品的重要构成元素，创意在英文中表达为"create"和"creativity"，它们的中文意义分别为创作、创造力，即新创造一种事物或提出一些创造新事物的想法。文创产品中的创意是在产品的设计和生产中经过对文化的创新构思得出能够满足消费者精神、文化需求的设计和生产方案。因而，文创产品并非纯粹地挪用、照搬传统文化，而是在一定经济意识的基础上进行传统文化的再创造，从而与现代人的审美情趣和生活方式相适应。

文创产品正是通过创意将文化要素融入产品功能，让其可供使用和欣赏。这里的创意与传统产品设计中的创意有所区别，它更加注重文化的创意。文创产品的创意并非以契合产品的实用性为核心，而是通过精心的设计使文化体现在产品的表现形式和使用过程中，让使用者感到放松、愉快，增添生活的趣味性。

文创产品的创意来源主要包括下列方面：

(1)对生活的关怀和理解。主要包括个人的生活经验或思想感悟，如个人心中所想的美好生活、从身边人处听来的故事、在网上浏览的信息等，这些都为文创产品设计提供了丰富的养料。

(2)对社会的认知和理解。具体的个人组成了社会，社会又以共同价值观、流行风尚等形式影响着每一个人。个人对文创产品所持态度有所不同，而这些态度综合起来就形成了社会的价值观念和消费定位。因此，建立在洞悉社会价值观念和消费定位基础上的创意是文创产品设计所必需的。

(3)对历史、地域文化的探索。文创产品创意灵感主要源自设计师对自然环境、风俗人情，或是神话、传说，以及精神层面的信仰等内容的深层研究。

4. 审美要素

"美"可以表示一种生理层面的满足，也可以代表着一种赞赏心态或个人的精神追求。文创产品的审美更加强调的是后者。当经济收入增长到一定程度以后，人们便会有意识地追求生活中具有真、善、美具象特征的事物。这种追求将"感性"当作媒介，摆脱了以物质、利益关系作为依据的理性判断，从而在真正意义上体现出对生命价值与生活意义的探索。文创产品的审美要素主要包含以下三个方面：

（1）形式艺术美。文创产品的审美与感性因素存在密切的联系。文创产品的构成形式包括点、线、面、体、颜色等，它们共同构成的产品艺术性能够与消费者内心深处的节奏、韵律、比例、尺度等形成一种同构关系。消费者内心的情感会与他们面对点、线、面等理性形式而形成的直观感受产生同构，并进行"移情"，使产品的理性形式与消费者的感性趣味相融合。

（2）功能材料美。文创产品的审美与功能材料的目的性也有着不可分割的联系。材料在满足实用需求的同时，也能通过工艺处理产生独特的审美体验，例如紫砂壶的双气孔结构不仅能实现物理功能，其手工拍打形成的"梨皮"肌理更成为文人雅趣的载体。这种审美体验遵循心理学中的"心物同构"原理，即当材料的力学性能（如陶瓷的致密性）与视觉语言（如釉色流动）形成同频共振时，使用者会在操作过程中产生"得心应手"的愉悦感。

（3）文化生态美。文化生态美不只是表现出人与自然的和谐，更体现出生活方式以及社会生活的脉络与系统。在文创产品设计中，文化生态美主要以人们对传统的向往为中心进行探究，使人在审美的过程中得到精神上的回归。例如，人们在工业社会中享受了科技带来的便利，但同时也感受到了快节奏生活所带来的身心疲惫，因此人们渴望能够回归传统的田园牧歌生活，在审美的状态下找寻曾经的精神生活。

5. 体验要素

文创产品不但具有具体可感的物质元素，还能够带给人们体验性的心理感受。由于每个人的经历具有明显的差异，因而其获得的体验性心理感受也截然不同。因此，文创产品的体验具有潜在性和不确定性，正是这种潜在性和不确定性增加了文创产品的魅力。

体验用英文表达为"experience"，是指人在与某种物或者事发生关系的活动中产生的主观心理感受。它能使我们感受到现实中的真实，并在大脑中浮现出深刻的影像，促使我们回忆起某个生命瞬间，从而对未来有所感悟。文创产品中的体验则是指用户在使用产品时主观上产生的一种感受，具体表现如下：

（1）视觉冲击。视觉冲击是激发文创产品体验要素的首要环节。现在许多文创产品设计虽然对理念的逻辑性和造型叙事的抽象性都十分关注，但是对视觉冲击给予人脑的刺激作用有所忽视，所以未能引发人们产生相应的联想，自然也没有形成相关体验。

（2）方式合理。文创产品与用户之间的沟通纽带是使用方式，合理的方式可以有效帮助人们快速、正确地理解产品所要表达的内在含义。

（3）内容契合。文创产品中最重要的附加价值是文化性要素，它通过产品设计的叙事性表达，在用户使用过程中将文化要素转化为情感体验，以达到抒情的目的。同时，要想用户能够顺利地完成体验，这些文化性要素就必须与产品的性能、使用环境的"文脉"相契合。

（四）文创产品的特征表现

1. 文化性

文创产品的文化性主要体现在文创产品所蕴含的民族传统文化、时代特色文化、特定风俗理念等文化信息之中。对于文创产品而言，文化是核心内容，是消费者选择文创产品的关键，消费者消费文创产品是为了获得产品背后的文化价值，而非仅仅为了实用。文创产品的价值来自文化带来的增值和情感溢价。如今，市场发展迈向体验经济时代，文创产品能够带给消费者更丰富的情感和生活体验，新时代的文创产品应当致力于向消费者展示文化，讲述故事，迎合消费者独特的文化价值需求。文创产品重视实现文化的创新，然而，文化创新并不代表着必须与传统文化密切联系，也可以是多元文化富有创造性的结合。与此同时，文创产品在传承、创新文化的过程中，应该始终遵循文化的内在精神与要旨，避免对文化进行任意的篡改。以平遥古城地图文创为例，它不仅在形态上保留了古城的布局形制，还通过古城布局地图传达了古代"以龟建城"祈求祥瑞的理念。

2. 地域性

地域差异是地域文化得以存在的基础，历史差异是地域文化发展的主线，景物差异是地域文化差异呈现的载体，现实差异是地域文化的具体表现。文化的地域差异深刻地影响着人们的精神和审美活动，而地域文化所代表的特定区域的社会经济、艺术科学、风土人情等要素共同构筑了特定地区人们的价值体系和审美体系。文创产品的设计需要重视地域文化的差异，进行具有地域化特点的设计。文创产品的地域性设计主要体现在两个方面：其一，适应特定地域环境的文创产品设计；其二，传承特定地域文化的文创产品设计。不同地域的文化差异形成了不同的文化空间和文化环境。例如，长江流域孕育的文化空间和环境与黄河流域具有较大的差异，但它们也有共性，共同归属于华夏文化；荆楚文化与赣源文化不同，但它们同属长江流域文化；而荆楚文化又可以细分为屈原文化、三国文化等。文创产品的地域性设计需要建立在对地域特色文化符号的提取之上，地域特定的文化符号是地域文化的集中体现，它们能够获得该地域人群的审美认同，也因区别于其他地域文化而带给其他地域人群审美差异感。

除了文化符号等直观的文化呈现方式之外，现代文创产品设计还需要注重提升产品的内在文化价值，关注消费者的心理需求，让文创产品的形式、功能和文化巧妙地结合起来，从而带给消费者更好的体验，获得消费者的青睐。例如，吉林省吉林市缸窑镇在清朝是东北陶瓷较大产地之一，有"缸都""陶都"之称，文创产品"独钓寒江雪"利用当地特产——吉林软瓷为原材料，纹饰则用"夜看雾，晨看挂，待到近午赏落花"来表现吉林雾凇因时而变之美。

图 1.1　"独钓寒江雪"文创产品

3. 民族性

人是创造艺术的主体，而人又是处于特定的民族、本土文化中的。因而，艺术便也带有民族性的特征。不同民族在历史发展中形成了不同的文化特性，而民族文化特性是一个民族区别于其他民族的关键，设计师在进行民族性的文创产品设计时要抓住民族文化的特性。民族文化特性既体现在民族视觉元素等有形的地方，又体现在民族故事、传说、精神、习俗等无形的地方。设计师要在尊重民族文化的前提下深入挖掘民族文化特性，设计出具有鲜明民族性的文创产品。市场上很多文创产品都体现出了鲜明的民族性和特定民族文化的特色。

4. 艺术性

文创产品的艺术性指的是，设计师在进行设计时需要遵循审美规律，基于现有的设计条件和环节，巧妙运用现有的设计材料，以美的形式展现出独特的文化设计主题。文创产品美的实现是其实现艺术性的一个重要的途径，也是最直接的途径，那些凝结着美的元素的文创产品更容易得到消费者的青睐。文创产品的艺术性既体现在外在的审美形态上，又体现在内在的精神内涵之中。文创产品要做到内涵与形式的结合，才能更好地体现其艺术性。因此，设计师应当基于特定的文化，用恰当的材质、工艺和形式来表现文化之美。

5. 纪念性

纪念是人们在现实生活中的一种感知方式，人们通过这种方式持续丰富个人与集体的文化取向，从而塑造更加丰富的人类文明。文创产品承载着特定的情感和文化记忆，这是文创产品纪念性的来源。文创产品的纪念性强调要以文化和情感体验建立起消费者和产品之间的关联，设计师可以将特定的文化意蕴注入文创产品，以唤醒消费者的文化记忆，赋予消费者文化审美体验。设计师通常会使用象征的手法来体现文创产品的纪念性特征。象征指的是以具体的形象来表达抽象的概念，象征手法可以生动、鲜明地展现出形象与其背后意义的关系。文创产品设计中常见的象征手法有数字象征(特殊日期、吉祥数字等)和视觉象征(文化符号、民族纹饰等)。

6. 经济性

文创产品的经济性指的是在尽量降低产品生产成本的基础上达到更好的产品效果。文化附加值虽然是文创产品的重要价值来源，但是文创产品还是应当具备较高的性价比，并针对不同的消费人群进行适合的价格定位。在旅游景点或文博单位，人们常常看到文物复制品或手工艺产品，它们缺乏鲜明的创新性却具有十分高昂的价格，使得许多游客望而却步。文创产品要以创意化的设计为手段，赋予产品更加深厚的文化精神内涵，给予消费者更好的文化情感体验，从而使得产品在提高售价的同时，让消费者感到物有所值。鉴于消费者群体的多样性，设计师需要针对不同层次和类型的消费者设计不同的文创产品，让消费者能够更自由地选择自己所需的文创产品。

(五) 文创产品的类型划分

文创产品所包含的内容较为广泛，国内外学者对此展开了广泛的讨论，至今也未能形成统一的、明确的概念。从不同的视角看，文创产品分类方法各不相同，这里主要基于设计对象、产品形态、市场需求、产业群层面等视角对文创产品进行分类。

1. 基于文创产品的设计对象分类

(1)旅游纪念品。旅游纪念品是特色旅游商品，开发旅游纪念品，可培育新的旅游经济增长点，进而提高宏观经济效益。针对旅游人群设计的旅游纪念品，是文创产品中最常见的一种类型。从广义上来看，文创旅游纪念品指的是基于旅游地特殊文化和风景等设计的，满足旅游人群文化情感体验的产品，它可以是有形的，也可以是无形的；从狭义上看，文创旅游纪念品指的是游客在旅游地可以购买到的，具有旅游地特色文化特征的产品，多为礼品。有人比喻旅游纪念品是一个城市的名片，这张名片具有较高的收藏与鉴赏价值。常见的旅游纪念品主要是指针对博物馆和观光景点所设计的文创产品。

（2）娱乐艺术衍生品。艺术衍生品是最受市场青睐的文创产品形式之一。因为艺术品具有稀缺性、昂贵性，而艺术衍生品可以批量生产，能够满足更多人对艺术审美的需求。娱乐艺术衍生品指的是影视艺术等衍生出来的文创产品。

（3）活动与会展文创产品。为了特定的会展活动、庆典活动等设计的文创产品就是活动与会展文创产品。这类产品具有一定的纪念性，但是产品在市场上的流行时间较短，一般活动截止后，消费者对此类产品的兴趣就会淡化。

（4）生活美学产品。生活美学理念强调要将美纳入生活的范畴，让美从抽象的理论回归生活，将日常生活与审美意趣相结合。生活美学既将生活审美化，又将审美生活化。随着社会经济的发展和人们审美情趣的提高，生活美学类文创产品越来越受到消费者的重视。

（5）企业与品牌文创产品。基于特定企业或品牌的文化所设计的文创产品就是企业与品牌文创产品，这类产品既可以作为企业或品牌商务赠送的礼物，又可以起到宣传企业或品牌文化的作用。此外，一些企业联名设计推广文创产品是如今较为常见的一种合作模式。

2. 基于文创产品的形态分类

文创产品的形态分类是文创产业研究中的重要议题，也是我们理解和推动文化创意产业发展的基础。文创产品的形态分类不仅体现了其在市场中的表现形式，还反映了文化内容的不同传播方式和经济价值的实现途径。从广义上来看，文创产品可分为两大类：有形文创产品和无形文创产品。这一分类既考虑了产品的物质形态，也关注了文化内涵的表现方式和传播途径，构成了文创产品多样性与丰富性的核心基础。

（1）有形文创产品。

有形文创产品是以物质形式存在的文化创意产品。其核心特征是以实体载体呈现文化符号，使得文化内容可以通过具体的物质媒介传播与消费。有形文创产品不仅是文化创意的物化表达，更是消费者在日常生活中通过使用和体验直接感知文化内涵的媒介。常见的有形文创产品包括图纸、图画、雕塑、工艺品等。这类产品具备高度的视觉性与触感性，能够直接进入消费者的感官体验，从而促进文化认同与价值传播。有形文创产品有以下几类特征：

①有形文创产品作为实体商品，具备了双重属性：其一是物质属性，即它们作为商品的物理特征，如材质、工艺、功能等；其二是文化属性，即它们承载和传递的文化符号与精神价值。这种双重属性使有形文创产品既是经济商品，又是文化载体。例如，一幅充满历史韵味的传统画作，不仅体现了精湛的技艺和独特的艺术风格，还传递了特定历史时期的文化观念和社会背景。这种有形的文化产品通过物质形态的传递，使消费者在消费过程中获得文化的满足感和归属感，进而推动了文化的传播与传承。

②有形文创产品由于其可见、可触的特性，具有较强的收藏和纪念价值。许多消费者购买文创产品的初衷，往往不仅仅是为了使用，更是为了收藏和展示。这类产品往往具备独特的艺术性和稀缺性，特别是那些由知名艺术家创作或代表特定历史文化的产品，更容易在市场上形成高价值的认同。这种收藏和展示行为，使得有形文创产品超越了普通商品的经济功能，成为文化资本积累和社会身份象征的重要方式。

③有形文创产品在市场中的广泛流通，也推动了文化经济的发展。作为文化与经济相结合的产物，有形文创产品通过实体销售渠道，如博物馆、艺术展览、文创商店等，实现了文化价值的货币化。尤其是随着旅游业和文创产业的融合发展，许多具有地方特色的文创产品成为文化消费的重要组成部分。例如，故宫文创产品不仅融合了传统文化与现代设计，还通过线上线下的多渠道销售，成功实现了文创产品的大众化和全球化传播。

（2）无形文创产品。

相较于有形文创产品，无形文创产品则主要以服务和体验的形式呈现。其核心特征在于文化创意的非物质性，通过精神体验和文化服务实现文化价值的传播和消费。无形文创产品并不依赖具体的物质载体，而是通过文化内容的创意性表达和服务提供，使消费者在参与和互动中感受到文化的深度与美感。常见的无形文创产品形式包括演出服务、文化教学服务、文化欣赏服务等，这类产品通过创意性服务，满足了消费者对精神文化需求的追求，进而创造了经济效益。

①各种文化演出和活动。无论是戏剧、音乐会、舞蹈表演，还是电影、展览等形式，均以艺术表现形式为载体，传递了丰富的文化信息和情感体验。观众通过亲身参与和感受，体验文化的美妙和震撼。这种非物质性的文化消费，虽然没有持有实体产品，但消费者通过服务和体验获得了精神上的满足，并且在参与的过程中形成了文化认同与归属感。

②文化教学服务也是无形文创产品的重要组成部分。随着人们对文化素养和精神生活要求的提高，越来越多的消费者选择通过文化教育来提升自身的文化认知和艺术鉴赏力。无论是艺术培训、文化讲座，还是在线课程、文化工作坊，这类无形的文化服务通过知识传递和互动体验，激发了消费者对文化的兴趣和热情。在这一过程中，文化创意产业不仅实现了经济效益，也承担了文化传播与教育的社会责任。

③文化欣赏服务。文化欣赏服务通常包括参观博物馆、艺术馆、文化展览等。这类服务以体验式消费为特点，通过展示和讲解，让消费者深入了解和体验不同文化的精髓。通过参观和互动，消费者不仅仅是被动接受文化信息，还通过与文化的对话，形成了个人的文化解读与再创造。

3. 基于文创产品的市场需求分类

文创产品不仅仅是文化与创意的产物，它们在满足消费者的需求时也表现出不同的功能和用途。因此，根据市场需求，可以将文创产品划分为消费型、保存型和馈赠型三大类。每一类文创产品的市场定位、设计理念及其背后的文化内涵各有侧重，针对不同的消费者需求，体现出不同的价值与意义。

（1）消费型文创产品。

消费型文创产品是指那些在使用后会迅速消耗或失去原有形态的产品，通常基于文化元素设计，具有特定的文化符号和创意特点，多为食品、农副产品等快速消耗品。这类产品往往以其短暂的使用周期吸引消费者，在使用过程中通过独特的文化内涵和设计个性，给消费者留下深刻印象。此类产品的市场需求主要来自消费者在旅行、观光等场合下的即时消费需求。这类产品通常设计新颖，具有较强的地域性和文化关联性。例如，地方特色的农产品、手工食品等文创产品通过文化符号的包装和创新设计，能够迅速吸引消费者的眼球，不仅仅满足消费者的口腹之欲，还通过产品背后的文化故事，提升消费者的品牌忠诚度，增强其再次购买或推荐给亲友的意愿。

（2）保存型文创产品。

与消费型文创产品不同，保存型文创产品更多地强调其纪念性与永久保存的价值。消费者购买这类产品时，往往期望能够长期保留，作为对特定时间、地点或文化的纪念。这类产品通常承载了某种历史记忆或文化象征，且设计多元化，既有实用性强的日用品，也有观赏性为主的艺术品。

保存型文创产品的市场需求主要来自消费者对文化体验的深度需求。现代社会中，旅游和文化体验已经成为一种重要的生活方式，人们不仅希望通过旅游了解异地文化，还希望带回一份能够长久保存的纪念品。这类文创产品正好满足了这种需求，它们通过独特的设计和文化符号，成为消费者记忆中的文化载体，其价值不仅体现在实用性，更体现在其背后的文化故事。当消费者在某个特殊时刻再次使用或欣赏这些产品时，会自然而然地回忆起与产品相关的经历和情感。这种情感连接使得保存型文创产品具有更高的市场附加值，尤其是那些与某一特定文化或历史事件紧密相关的产品，更能够激发消费者的购买欲望。

（3）馈赠型文创产品。

馈赠型文创产品更多地强调其象征意义。这类产品往往代表了赠予者的地位、品位和价值认同，具有较高的文化内涵和象征意涵。在许多场合，馈赠型文创产品不仅仅是一件物品，更是一种象征着尊重、文化交流和身份认同的媒介。

馈赠型文创产品的市场需求通常集中在中高端市场，尤其是在商务场合、国礼交换或重要社交场合中，馈赠型文创产品的价值更为突出。这类产品往往做工精细、设计独特，并且与文化紧密关联。例如，国礼类的文创产品通常具有唯一性和不可复制性，象征着国家或文化的独特性。而在企业文化中，商务礼品则是企业品牌形象和文化价值观的体现，通过文创产品的独特设计，展示企业的文化认同和社会责任感。

馈赠型文创产品不仅要在设计上体现文化内涵，还需在材质、做工等方面保持高端品质。消费者在选择馈赠型文创产品时，往往会考虑产品的文化象征性和实用性，并希望通过赠送产品来表达某种文化认同或价值观念。因此，这类产品不仅仅是物质的交换，更是一种精神层面的文化交流与传递。

4. 基于文创产品的产业群层面分类

从文化创意产业群层面划分，文创产品可以分为原创类文创产品、运作类文创产品和延伸类文创产品。

（1）原创类文创产品。

在文化创意产业的浩瀚星空中，原创类文创产品犹如璀璨的明星，闪耀在各个文化产业领域的核心。原创类文创产品指的是那些以独特创意和文化内涵为核心，融汇于出版业、影视业、文艺演出业、动漫产业等多个领域的文创产品。这些产品不仅具备鲜明的内容性、新颖性、文化性和奇特性，还在市场上占据了重要的位置，成为推动文化产业发展的重要力量。

①内容性。原创类文创产品的内容性体现了创作者在创作过程中的深度思考与文化积淀。与传统的复制性文创产品不同，原创类文创产品的内容不仅仅是对现有文化资源的再加工，更是对文化内涵的深度挖掘与再现。以电影业为例，原创电影不仅仅是对小说或历史事件的简单再现，而且在创作过程中融入了制作者对社会现象的独到见解和文化洞察。这样的内容创造使得电影作品不仅具有娱乐性，更富有思想性和文化深度，从而引发观众的深层次思考和情感共鸣。

②新颖性。新颖性不仅体现在产品形式上的创新，更体现于创意构思的突破。以动漫产业为例，原创动漫作品常常突破传统叙事模式，探索新的叙事手法和视觉风格。通过对传统故事或全新创意的重新构建，原创动漫能够以其独特的形式和风格赢得观众的关注，形成强大的市场竞争力。这种新颖性不仅能够吸引观众的眼球，更能在市场上形成独特的品牌效应，提升产品的附加值。

③文化性。原创类文创产品往往深深植根于本土文化或具有跨文化的融合特征。文化性的体现不仅在于产品所传递的文化信息和价值观上，更在于产品对文化的传播和创新。例如，传统工艺品的现代设计、传统节日主题的衍生品等，能够在保留传统文化精髓的基础上，通过创新设计与现代科技的结合，使传统文化焕发出新的生机。这种文化性的内涵，不仅增强了产品的文化价值，也使得产品在市场中更具竞争力。

④奇特性。奇特性不仅指产品本身在形式或内容上的独特性，也包括其在市场定位和消费者体验上的创新。以文艺演出业为例，原创剧本和演出形式的创新能够

打破传统演出模式的束缚，为观众提供全新的观演体验。奇特性的融入使得这些原创类文创产品能够脱颖而出，吸引广泛的观众群体，并在市场上形成独特的品牌印象。

（2）运作类文创产品。

运作类文创产品，是指那些通过将创意融入已有产业，进而在文化创意产业群的运作层面上实现的文创产品。这类产品主要依托于现有产业基础，通过创新性设计与文化理念的结合，推动产业的转型升级。

①运作类文创产品的特征。运作类文创产品强调的是创意的转移性与生命周期性。创意的转移性是指在创意与产业融合时，并非聚焦于创意在产品中的进一步深化，而是更多地关注创意与产业融合的形式。这种特征意味着，创意的主要功能在于引导产业进行文化的变革，而非在产品层面进行深入的创意开发。因此，运作类文创产品的创新不仅体现在创意本身，更在于如何将创意有效地融入现有产业中，从而形成新的产品形式和市场价值。生命周期性则是指运作类文创产品在整个产业生命周期中所体现出的动态特征。创意与产业的结合会不断演进和调整，产品的生命周期也因此具有一定的波动性。这种波动性不仅反映在产品市场表现的变化上，也体现在产业链条中的角色转变以及市场需求的不断变化上。运作类文创产品的成功，不仅依赖于初期的创意嫁接，更在于如何在产业发展过程中保持其文化价值和市场适应性。

②运作类文创产品在不同产业中的应用。运作类文创产品的应用范围广泛，涵盖了音像业、计算机与软件业、工业设计业、建筑设计业、服装设计业、广告业、旅游业、互联网业等多个领域，每个领域中的运作类文创产品都有其独特的表现形式和市场价值。

一是音像业。"音像业是文化产业的一个重要组成部分，它的盛衰关系到传媒业乃至国家文化产业的发展。"[1]在音像业中，运作类文创产品通常表现为对传统音像产品的文化创新。例如，将经典音乐作品与现代数字技术相结合，推出新的音乐体验产品。这种创新不仅使传统音乐作品焕发新生，还推动了数字音像产品的市场发展。

二是计算机与软件业。在计算机与软件业中，运作类文创产品的典型代表为软件的文化融合设计。例如，将游戏软件与本土文化元素结合，开发具有地域特色的游戏产品。这种做法不仅丰富了软件产品的文化内涵，还为用户提供了独特的文化体验。

三是工业设计业。在工业设计业中，运作类文创产品通过将创意设计融入传统工业产品，推动了产品的外观和功能创新。例如，通过文化元素的植入，家居产品

---

① 周星. 中国音像产业现状与发展分析[J]. 现代传播（中国传媒大学学报），2006（1）：8.

不仅具有实用功能，还充满了文化艺术气息。

四是建筑设计业。在建筑设计业中，运作类文创产品的应用体现为将文化创意融入建筑设计中，如对传统建筑风格的现代化改造。这种设计不仅提升了建筑的文化价值，还增强了建筑在市场中的竞争力。

五是服装设计业。在服装设计业中，运作类文创产品通过对传统服装元素的创新设计，推出具有文化特色的时尚产品。例如，结合民族传统工艺与现代服装设计理念，推出具有独特风格的服装系列。

六是广告业。在广告业中，运作类文创产品的应用体现为将创意文化融入广告设计中，创造具有视觉冲击力和文化内涵的广告作品。这种做法不仅提升了广告的传播效果，也增强了品牌的文化认同感。

七是旅游业。在旅游业中，运作类文创产品通过将地方文化与旅游产品结合，开发具有文化特色的旅游项目。例如，设计结合地方传统工艺的旅游纪念品，提高了旅游体验的文化价值。

八是互联网业。在互联网业中，运作类文创产品的表现形式包括文化内容的数字化和创新应用。例如，通过数字化技术将传统文化资源转化为在线内容，满足用户对文化信息的需求。

（3）延伸类文创产品。

延伸类文创产品作为文化创意产业中的一个重要组成部分，与原创类和运作类文创产品相比，其特点主要体现在创意含量较少、生命周期较长及门类丰富等方面。这类产品不仅涵盖了广泛的行业领域，如服装业、体育娱乐业、会展业及商业服务业等，还在文化创意产业链条中处于末端位置。

①延伸类文创产品的特征。延伸类文创产品通常是指那些与文化创意产业核心领域相结合的产品，这些产品往往缺乏原创性，但通过与其他产业的融合，形成了丰富的产品类别。例如，迪士尼的延伸类产品涵盖了服装、玩具、工艺品、娱乐、图书及电子游戏等多个领域。这种跨领域的延伸不仅增强了品牌的市场覆盖面，也增加了产品的生命周期。

与原创类和运作类文创产品相比，延伸类产品的创意含量通常较低，这是因为其主要是基于已有的文化内容或品牌形象进行二次开发，而非全新的创作。这类产品的生命周期较长，一方面是因为其能够长期依托于强大的品牌影响力和市场需求；另一方面是由于其在产品类别上的多样化，使其在市场中拥有较长的销售周期。

②延伸类文创产品的市场分析。从市场角度来看，延伸类文创产品的成功往往依赖于强大的品牌效应和市场推广策略。仍以迪士尼为例，其品牌的影响力使得其延伸类产品能够在服装、玩具、工艺品等多个领域中占据一席之地。这种现象表明，品牌的市场定位和产品的延伸方向对延伸类文创产品的成功至关重要。此外，

延伸类文创产品通常在商业化运作方面表现出显著的优势。由于其创意含量较少，生产和销售过程中的成本相对较低，而其市场需求又较为稳定，这使得延伸类产品在商业化过程中具有较强的竞争力。尤其是大型品牌或娱乐公司的这类产品往往能够迅速占领市场并带来稳定的经济收益。

③运作类与延伸类文创产品的交叉。在实际操作中，运作类和延伸类文创产品常常表现出交叉特征。例如，一些文创产品不仅具备一定的延伸性，同时也具备运作性。运作类文创产品如展览品或活动周边，往往可以通过品牌的延伸性进行二次开发，形成新的产品线。这种交叉特征体现了文化创意产业的复杂性和多样性。

二、文创产品设计的理念

(一)文创产品设计的生态化

文创产品的设计不仅要满足文化表达和市场需求，还应考虑其对生态环境的影响，文创产品设计的生态化源自对环境保护与可持续发展理念的深入理解。生态化设计不仅仅是减少资源的消耗或减轻环境污染，更强调从系统的角度出发，综合考虑自然生态系统、社会发展以及人类需求之间的平衡。作为生态设计的一部分，文创产品设计必须从本质上理解人与自然的共生关系，并将这一关系转化为设计的核心思想。

1. 文创产品设计生态化的核心原则

文创产品的生态化设计需要以一系列核心原则为基础，这些原则涵盖了材料选择、设计理念及生命周期管理。

(1)材料的可持续性。在文创产品设计中，材料的选择直接关系到产品的生态友好性。生态化设计的核心在于减少对不可再生资源的依赖，更多地使用可再生、可降解或可回收的材料。例如，在文创产品包装设计中，设计师可以考虑采用环保纸张、可降解塑料等替代传统高污染材料，从而减少对环境的负面影响。

(2)生命周期设计。传统的设计理念往往聚焦于产品的使用价值，而忽视了产品生命周期对环境的影响。生态化设计要求设计师从产品的整个生命周期出发，考虑从生产、使用、维护到最终废弃处理的每一个环节对环境的影响。通过优化设计，使产品在其生命周期内的资源消耗和环境污染降到最低。例如，一些文创产品通过模块化设计，使产品可以方便地维修或升级，从而延长产品的使用寿命，减少资源的浪费。

(3)系统化设计思维。生态化设计不仅仅是对单一产品的设计改进，而是需要从系统化的角度去考虑设计的整体效应。设计师在进行文创产品设计时，应充分考虑产品与环境、社会和用户之间的互动关系。例如，设计具有可持续教育意义的文创产品，不仅可以增强用户的环保意识，还可以通过产品的使用，推动用户参与到环境保护的行动中。

2. 文创产品设计生态化的实现途径

在文创产品设计中贯彻生态化理念，需要结合技术创新、文化表达和社会责任感，形成一套综合性的设计策略。以下探讨实现文创产品设计生态化的有效途径。

（1）技术创新。技术创新是实现文创产品设计生态化的重要手段。例如，3D打印技术的应用使得产品设计可以更加精准地控制材料的使用，避免了传统加工过程中材料的浪费。同时，智能化设计技术的引入，也可以优化设计流程，减少不必要的资源消耗。文创产品设计中的技术创新不仅仅体现在生产环节，还包括对材料研发的创新，如使用新型环保材料或研发更加节能的材料。

（2）文化与生态的融合。文创产品设计不仅仅是一种物质生产活动，更是一种文化传播的方式。在文创产品设计中，设计师可以通过融入生态化理念，表达对自然环境的尊重和对可持续生活方式的倡导。通过文化与生态的有机结合，文创产品可以在满足消费者文化需求的同时，引导他们关注生态环境。例如，设计师可以将传统文化中的自然观念与现代环保理念相结合，设计出既具有文化内涵又符合生态化要求的产品。

（3）用户参与共创。在生态化设计中，用户不仅是产品的使用者，也是生态保护的参与者。设计师可以通过引导用户参与设计过程，使他们意识到自身行为对环境的影响。例如，设计可拆卸、可重新组装的文创产品，鼓励用户自行参与产品的维护和更新，进而减少资源的浪费。通过用户参与共创，不仅可以提升产品的使用价值，还可以加强产品的环保效应。

（二）文创产品设计的多元化

1. 文创产品设计多元化的内涵

文创产品设计要求设计师保持着开放包容的态度展开想象与创作，设计师多样而深沉的想法能够创作出很多新颖的事物，形成多元化的特色。实际上，这种多元化应当和社会的发展保持协调，如此才能形成真正的设计艺术。文创产品多元化设计的形成可以看作一个动态的过程，而多元性文化的形成是各式各样静态设计风格的融合过程。例如，日本设计风格和北欧设计风格相互补充、促进、融合，即使经过了无数次重新排列、组合，它们依然清晰地呈现出多元化的结构特征。因此，现代文创产品设计的主要趋势必定是多元一体化。在文创产品设计中，多元一体化就是在经济全球化的大局势下，世界各国、各民族之间的文化相互影响、相互渗透，从而形成一个大的世界的有机文化整体。它们在地位上并不存在太大差异，是平等集中的共同体。事实上，文化在各国、各民族之间输出、输入时逐渐形成了一个统一的循环。不同类型的文化都可以探寻到自身的源头，而文化传播至世界的不同地区，被当地的居民汲取、使用、创新后表现出多元的地方特色。同时，文化具有一定的反哺作用，作为文化具体体现的文创产品多元化设计则是一个汲取——反哺——汲取的过程，它在本质上是一个统一的整体。总之，文创产品设计的多元化可归纳为在遵从个体多元发展理念、"以人为本"设计观、一体化国际设计秩序的基础上，通过多元化的设计方法表现世界文化的复合型设计。

2. 文创产品设计多元化的重要表现

（1）产品风格。在现代社会，各类艺术相互兼容、相互融合，呈现出明显的多元化发展趋势。艺术风格的多元化又促使人们的审美取向和精神需求向多元化演变。现代主义大一统的抽象风格已无法满足如此多样化的需求，因此，设计风格从早期以现代主义为主走向多元化。而且，科技的不断发展也为这种多元化需求的实现提供了有力保障。当前，世界各国、各民族文化不断交融，各种文化观念相互碰撞、融合，从而形成传承与发展、传统与创新、科技与文艺、本土文化与外来文化共生共存的关系。

（2）材料使用。现代艺术一直都在关注环境问题。现代艺术家们也一直在用自己的行动和产品告诉人们环境保护对人类发展的巨大影响。在材料的使用方面，现代产品设计也极为注重环保，即绿色设计，这是一种包含了减少（Reduce）、回收（Reuse）、再生（Recycle）三项原则的设计方法，要求做到"少量化""再利用""资源再生"。另外，现代文创产品设计开始打破惯性思维，不断对各种承物材料进行创新、尝试，挖掘了各式各样的材料，如木材、塑胶、陶瓷、钢材以及它们的混合物。这些丰富而具有创意的材质的使用让文创产品彰显出更加蓬勃的生机，取得了生动的表现效果。

（3）创新元素。设计想要不断进步，就要进行不间断的创新。在文创产品设计中，设计师经常从传统文化的优秀技法、观念、工艺中寻找灵感、汲取养分，为现代产品设计艺术找到了不少新的表现方式。例如把优秀传统文化中的剪纸、刺绣、编织、扎染、泥塑等艺术元素融入现代产品设计，就能在造型、色彩等方面为文创产品设计提供丰富多彩的创作素材。

（4）表现手法。20世纪60年代以后的艺术主导形式从原来单一的绘画转向装置艺术、行为艺术、影像艺术等多元化的艺术形式。这种艺术表现形式的多元化趋势使得文创产品设计的表现手法也变得更加丰富。当下，设计师在选择所需要的表现元素时可以直接依据自己的构想和创意来作判断，而不需要担忧与自己审美不一致的受众思想的存在。因为现代人对个性化和多元化都有较强的包容意识，而且倡导革新，对差异表示认同与包容，不支持通过单一、固化的逻辑和思想来解释并统领世界。此外，交互设计领域的拓展也促进了文创产品虚拟化设计的发展，在这种形势下，一些文创产品不需要具备相应的实体，就能实现与使用者进行交互交流的功能。

（5）设计对象。艺术面前人人平等，尤其是现代艺术更加强调探索、理解和关注人的内心想法和感受。设计中所强调的"为大众服务"正好与这一点相吻合。如今的设计已经不再像以前那样追求奢侈华丽的风格，而是转向大众化的路线。当下，文创产品设计的对象是广大的民众，而非只是经济条件优越的群体。文创设计蕴藏在生活的不同层面，手表、口红、笔筒、扇子等都能成为文创设计的载体，而这些都是人们在生活中表现出一定需求的产品，这也说明文创产品将自身置于一个默默为大众提供服务的位置上。

（6）用户参与度。现代艺术的表达是比较包容且开放的，尤其重视对大众的开放性，强调与大众进行轻松的交流，这对文创产品设计也有着深刻的影响，设计师不断拓展开放性，增强使用者与文创产品之间的互动性，为使用者创造更多参与乐趣，吸引他们积极加入文创产品的设计活动。比如，一些文创产品设计师推出了组装式的文创产品，只提供一些配件，用户需要根据自己的想法，亲自完成文创产品的组装，如国家博物馆的文创产品（如图1.2所示）。在此过程中，用户不再是单纯地享受设计师为

图1.2　国家博物馆文创产品

他们创造的舒适成果，而是可以参与创作并主动地融入自己的创作构思。这样不仅可以提高用户对产品的喜爱程度，还可以刺激用户对产品的创作激情，从而更好地促进文创产品设计的发展。

（三）文创产品设计的系列化

1. 文创产品系列化及其特点

产品是一个系统，产品也是使用功能的载体，文创产品的系列化实际上也是产品功能的复合化。系列产品具有四大特征：第一，关联性系列产品的功能具有因果关系和依存关系。第二，独立性。系列产品的某个功能可独立发挥作用。第三，组合性。系列产品的不同功能相匹配，产生更强的功能。第四，互换性。系列产品中的功能可以进行互换，以产生不同的功能。系列文创产品的种类一般为成套系列、组合系列、家族系列、单元系列。它不是以一个单一产品的形式出现，而是以多个产品组合的形态出现。这些产品无论是造型、色彩还是功能等方面都存在着十分明

显的相似性和联系性。例如，故宫便时常推出系列化的文创产品，其中以"千里江山图"元素设计了手表、扇子、水杯、方巾等产品。

市场是无序的，但产品是有规律的，系列化产品是通过对产品和市场进行科学细分实现产品分化与精准定位。从细化产品的角度来讲，设计师要深入挖掘文创产品的特点和卖点；从细化市场的角度来讲，设计师应在细化产品的基础上分析文创产品的特性和市场的需求，并找到这两者的契合点，设计出广受欢迎的系列产品。总的来说，文创产品系列化是为了占领每一个细分市场而制定的有效策略，具有以下两个特点：

（1）主题鲜明统一。

近年来，文创产品的功能设计得越来越多样化，在市场上流通的产品也越来越多，因此消费者拥有了更多选择。文创产品是依据实际的需求而走向市场，消费者并非只根据产品的功能而决定购买一个文创产品。系列产品在设计时由于有同一个标准而对每个产品中单个零部件的组合参数进行了严格控制，形成了统一、协调的形态，从而带给消费者鲜明的秩序感，甚至能像音乐一样富有韵律感和节奏感。主题鲜明的系列产品围绕消费者定位从主题的形式开始进行设计，对建立在产品主题化基础上的宣传营销更有帮助。不同主题拥有不一样的目标受众，同时给他们带来不同的感受。主题是一种剖析当今时代文化的表现形式，系列化产品的鲜明主题特征要求设计师充分了解当下不同消费人群的产品喜好，抓住产品市场的脉搏，深入探索现代人的物质需求和心理需求，从而设计出既能满足现代人需求又能体现时代特征的文创产品。一般而言，系列化产品在同类产品中脱颖而出的概率较大，因为系列化产品设计比单个产品设计更加注重细节的处理，更容易吸引消费者的眼球。它们在外观、材质或色彩方面表现出一定的差异，从而让文创产品的分类更为细化，同时也获得了较为庞大的受众群体，更易吸引消费者产生购买行为，进而让文创产品占据更大的市场份额。

（2）表现形式多样。

在当今全球化的市场环境中，文创产品的多样性表现形式成为其提升市场竞争力的重要因素。现代社会不仅追求产品的高科技含量，更渴望产品在形式上进行持续创新，以丰富的产品系列满足多元化市场需求。

①产品系列化中的多样化市场试炼。在文创产品系列化开发过程中，产品表现形式的多样性是通过多次市场试炼逐步确立的。开发者会将初步设计的产品投入市场进行多轮尝试，每轮试验周期约为三个月，这一过程不仅帮助开发者评估产品的市场接受度，还能根据市场反馈进行产品优化。

②多样化形式在系列化设计中的创新。多样化表现形式是产品系列化设计的核心要素，也是提升市场竞争力的关键策略。设计师在文创产品系列化设计时，应融

入潮流与文化元素，赋予产品独特创意。

③高科技与产品系列化多样性的融合。科技发展推动了产品表现形式的创新，为产品系列化提供了更多可能。智能技术的应用实现了产品的智能控制和个性化定制，满足了消费者对高科技产品的需求。

2. 文创产品设计实现系列化的方法

在文创产品的设计与开发过程中，系列化设计是一种至关重要的策略，它能够有效地提升产品的市场竞争力，增强品牌影响力，并且满足多样化的消费者需求。根据不同的设计需求和市场定位，文创产品系列化可以通过横向扩展、纵向延伸以及多方向延伸三种主要方法来实现。

（1）横向扩展：全面拓展产品表现形式。

横向扩展是指在同一系列中，通过产品功能的变化来实现设计的系列化。这种方法注重的是在保持产品基础构件一致的情况下，通过表现形式的多样化来丰富产品的内容。横向系列产品的核心特征在于，尽管产品的功能各不相同，但它们的受众定位、技术标准和设计元素都是一致的。

①基础构件与功能变化。在横向扩展中，所有系列产品共享相同的基础构件，这些构件构成了设计的一致性基础。设计师在此基础上进行创新，利用已有的构件进行合理的改进和变化，以满足不同功能需求的产品。例如，某一款文创产品系列可能包含笔记本、日历、书签等，这些产品的共同特点在于其设计元素、材质和品牌理念的一致性，但功能和表现形式则各不相同。通过这种方式，可以在市场上形成一个统一而又丰富的产品系列。

②丰富产品内容。横向扩展的关键在于细化和丰富产品的类型，以满足不同的消费者需求。设计师通过对产品表现形式的开拓，可以将相同的设计理念应用于不同类型的产品。例如，设计师可以将传统的书法艺术元素融入笔记本、日历，甚至家居装饰中，形成一个以书法为主题的文创产品系列。这种方法不仅增加了产品的多样性，还能够加强品牌的识别度。

③提高产品的市场适应性。通过横向扩展，设计师能够更好地适应市场的变化。不同的产品形式能够吸引不同的消费者群体，从而提升品牌的市场覆盖率。例如，一个以中国传统文化为主题的文创产品系列，可以通过推出不同功能的文具、饰品、家居用品等，来满足不同消费者的需求。这种方式不仅增强了品牌的市场竞争力，也提升了产品的销售潜力。

（2）纵向延伸：扩展产品设计领域。

纵向延伸是指在产品系列中，通过对单个产品进行变形，形成具有独立功能的变形系列。这种方法强调的是产品的功能、材质、形态等方面的多样化，从而扩展产品设计的领域。

①产品独立性与变形。与横向扩展不同，纵向延伸的系列产品通常具有不同的

客户定位、价格定位和技术标准。每一个产品在功能上都是独立的，但它们仍然属于同一类产品。例如，一个高端的文创产品系列可能包含不同价位的产品，如奢华版和实用版的书法套件。虽然这些产品在外观和功能上有所不同，但它们共同体现了品牌的核心设计理念。

②市场发展空间。纵向延伸能够在不同领域之间架起桥梁，拓展市场发展空间。随着社会审美和技术的发展，消费者对文创产品的需求不断变化。通过纵向延伸，设计师能够根据市场需求和技术条件，推出更符合当下趋势的产品。例如，一款传统的手工艺品可以通过纵向延伸，转化为更加现代化的家居装饰品或数码配件，从而适应不同的市场需求。

（3）多方向延伸：技术与艺术的融合。

多方向延伸指的是在系列产品中，通过对相同性能或部件的设计进行变换，来实现产品的多样化。这种方法强调的是在技术和艺术方面的协调与统一，通过对产品的某些要素进行增减、置换、重组等操作，来丰富产品的表现形式。

①技术与艺术的结合。多方向延伸方法充分利用了技术优势，保持了产品零部件的相对稳定，同时在外观上加入了新颖的使用元素。这样的设计既能够维持产品的一致性，又能够展现出鲜明的艺术美感。例如，一款智能家居系列产品可以在技术上保持一致，但在外观设计上进行多样化的创新，以适应不同消费者的喜好。

②科技成果的应用。文创产品设计需要时刻关注科技成果的动态，将最新的科技成果融入产品设计中，实现技术与艺术的密切交融。这种方法不仅提升了产品的功能性和美观性，还能够使产品在市场上保持竞争力。例如，通过引入先进的材料技术和工艺，设计师可以创造出更加环保、耐用的文创产品，满足现代消费者对产品性能和品质的更高要求。

③视觉协调与统一。在多方向延伸中，产品设计需要注重视觉上的协调与统一。虽然不同产品之间可能存在较大的外观差异，但它们应该保持一定的设计语言和风格一致性，以增强品牌的识别度和市场影响力。例如，以"自然风光"为主题的文创产品系列，虽然包含不同类型的产品，如家居饰品、文具、旅行用品等，但它们都应该在设计元素和风格上保持一致，体现自然风光特色，以展现出品牌的独特魅力。

（四）文创产品设计的生活化

随着社会经济的不断发展，人们对文化产品的需求也在发生变化，这种变化不仅体现在人们的消费观念上，更在于文创产品的设计理念和功能上。生活化的文创产品，正是响应这一需求变化的产物。以下从生活化的视角探讨文创产品设计的意义与实施策略，深入分析其对文化消费模式的影响。

1. 文创产品设计的生活化背景

文创产品设计的生活化，是指在设计过程中融入日常生活元素，使得文化创意产品不仅具有艺术和文化价值，还能在实际生活中发挥功能和作用。现代社会的文化消费需求，已从单一的物质需求转向更为多元的文化需求。人们的生活方式与审美观念不断变化，传统的物质消费已难以满足人们对文化和审美的更高需求。因此，文创产品设计的生活化成为一种必然趋势。首先，随着经济水平的提升，人民群众的基本生活需求已得到满足，生活的重心逐渐转向精神文化层面。人们不仅希望拥有满足物质需求的产品，更渴望在日常生活中融入艺术与文化的元素。文创产品设计的生活化，使得产品在满足基本功能的同时，也能带来审美的愉悦和文化的体验，从而更好地适应了现代消费者对文化产品的需求。其次，文创产品的生活化设计，也反映了文化消费模式的变化。传统的文化产品多以展示和收藏为主，其功能单一，缺乏与日常生活的紧密联系。而现代文创产品的生活化设计，则强调将文化元素与生活实用性结合，使得文创产品不仅具有观赏价值，还能够在实际生活中发挥作用。例如，文创产品中的家居饰品、办公文具等，通过设计巧思，将传统文化元素融入现代生活中，既满足了消费者的审美需求，又提升了产品的实用性。

2. 文创产品设计生活化的实施策略

（1）功能与美学的结合。

文创产品设计的生活化，首先要解决功能与美学结合的问题。传统文创产品设计往往侧重于艺术美感，忽视了产品的实际功能性。然而，在现代社会，消费者对文创产品的需求不仅限于其文化内涵，还包括其在日常生活中的实际应用。因此，设计师在进行文创产品设计时，应将美学与功能性有机结合，以满足消费者的综合需求。例如，在设计一款文创产品时，既要考虑其文化象征意义，也要关注其使用场景和实际功能，确保产品在美观的同时，也能够满足实际使用需求。

（2）文化与日常生活的融合。

文创产品设计的生活化，还要求将文化元素与日常生活场景紧密结合。设计师应充分挖掘和利用本土文化资源，将其融入产品设计，形成具有地方特色和文化深度的产品。同时，设计师还需考虑产品的使用场景和用户体验，使产品体现文化价值的同时还能与消费者的日常生活紧密联系。例如，近几年流行的围炉煮茶、故宫文创口红、敦煌胸章等，巧妙地融合了传统文化与现代生活场景，不仅实用，更让人们在日常生活中感受文化的魅力。

（3）创意与技术的创新。

文创产品设计的生活化，还需要创意与技术的创新。现代科技的发展为文创产品设计提供了更多的可能性。设计师可以利用先进的设计技术和材料，突破传统设计的局限，创造出具有创新性和实用性的产品。例如，通过数字化技术和3D打印技术，可以实现复杂的文化图案和形态，提升文创产品的设计水平和功能性。此外，设计师还可以结合现代流行趋势和消费者需求，开发出具有新颖创意和文化内涵的产品，如智能家居产品中的文化元素融入，既满足了消费者对科技的需求，又体现了文化的独特魅力。

第二节　文创产品设计的形式和原则

一、文创产品设计的形式

文创产品设计作为文化创意产业的重要组成部分，其形式多样且富有创新性。在众多设计形式中，复刻式设计、提取式设计与诠释式设计是三种主要的设计方式。每种设计形式均具有独特的创意方法和应用效果，体现了文化遗产与现代创意的深度融合。下面以文物文创产品为例加以介绍。

(一) 复刻式设计

复刻式设计是文创产品设计中最为直观的一种形式，它通过复制和缩小文物的整体造型，将其直接应用于文创产品设计中。这种设计形式旨在维持文物的原貌和历史感，使文创产品与文物之间的联系得以保持。复刻式设计通常有两种情况：一种是功能保留，即文创产品在造型上与原物保持一致，功能上则不作改变；另一种是功能转换，即在保持文物外观的基础上，对其功能进行适应性转换，赋予其新的使用价值。例如，将古代青铜器的形态缩小后制作成现代的装饰品，不仅保留了原物的外观特征，也使其成为具有实用功能的现代文创产品。复刻式设计的优点在于其能够最大程度地保留文物的文化和历史信息，使消费者能够直接体会到传统文化的魅力。然而，该设计形式也面临一定的挑战，即在缩小和复制过程中如何保留文物的艺术价值，即如何在现代产品中有效地体现文物的美学。

(二) 提取式设计

提取式设计则是一种较为灵活的设计方法，它通过从文物中提取出具有代表性的图形、色彩、文字等元素，然后将这些元素融入不同类型的文创产品中。提取式设计的核心在于从文物中提炼出具有独特文化个性的元素，并结合现代设计理念进行创新应用。这种设计形式可以根据文创产品的空间形态变化分为形态转换设计和形态不变设计。

（1）形态转换设计：将提取的文物元素以全新的形态呈现在文创产品中，例如将古代织物的图案转化为现代服装的印花图案，这种方式能够有效地将传统文化融入现代生活。

（2）形态不变设计：保持文物元素的原始形态，例如将古代文字印制在现代文具上，既再现了文物的原貌，又使其成为实用的生活用品。提取式设计的优点在于其能够将传统文化与现代设计理念相结合，使文创产品具有较高的文化价值和市场吸引力。然而，这种设计形式也面临着如何有效提炼和运用文物元素的问题，需要设计师具备深厚的文化素养和创新能力。

(三)诠释式设计

诠释式设计是一种较为复杂且富有创意的设计形式，它不仅仅局限于文物的外形、纹样和色彩，而是深入探讨文物的历史文化背景，挖掘其内涵和象征意义。设计师通过与现代时尚元素的结合，开发出外形与文物不同但内涵类似的创意产品。这种设计形式强调文物的文化意境和象征意义，使得文创产品在外观上可能与文物毫无关联，但在内涵和文化价值上却能够与文物产生深刻的联系。

意境诠释是一种层次较高的文创设计形式，设计师需要全面地理解文物的内在精神和文化意义，并通过符号转化和创意表现等手段将这些内涵转化为文创产品。这种设计形式通常在首饰配件、生活用品等小型文创产品中较为常见，例如设计师可能会根据古代文物的文化意境，设计出既具有现代风格又充满古典气息的饰品。诠释式设计的优势在于其能够创造出具有深厚文化背景和独特审美价值的产品，但也要求设计师具备较高的文化理解能力和设计创新能力。

二、文创产品设计的原则

(一)市场导向原则

市场导向原则强调依据市场需求来组织生产，市场需要怎样的产品，就设计、生产怎样的产品。但市场导向并不是绝对的设计导向，在文创产品设计中，设计师要理性看待市场，设计出既有文化内涵，又符合市场需求的文创产品。

20世纪50年代，西方发达国家随着买方市场的出现而产生了现代经营思想。历经长期的交替与更新，这一理念已经转变为市场营销学的主要理论依据。该理念认为，客户或消费者需要哪些产品，企业就生产、销售哪些产品。在这种理念的指导下，企业的出发点不再是以现有产品去吸引寻找客户，而是从市场上的需求出发，规划产品的生产和销售。企业的主要目标并非纯粹追求销售量在短时间内的快速增长，而是将关注点放置于在长远状态下占据市场份额。在该理念的指引下，企业更加重视调查市场需求，他们希望找到尚有空缺的市场，并通过开发相应产品，运用各种销售策略去满足这部分消费者的需求，进而占据、扩大市场份额，实现长线回报。在市场经济机制的调节下，文创产品的需求和供给以市场为纽带建立联系，并共处同一市场体系之中。文创产品的需求和供给之间的矛盾运动既是推动文创活动发展的动力，又是经济活动的基本矛盾，这种需求与供给之间的联系、变化和发展，是经济活动的主要内容。为了缓和供给和需求之间的这种基本矛盾，实现供需平衡，就需要引入市场运作手段。

文创产品的市场处于不断变化的状态中，不管是消费者的需求、竞争者的营销战略，还是相关的法律法规，都会影响文创企业的市场环境。一个文创企业是否可以充分顺应文创产品市场的变化，影响着该文创企业的生存与发展。因此，把握文创市场的导向是文创企业的首要任务。根据市场导向变化去调整资源配置，进行针对性的市场营销活动，达成企业经营目标，需要制定企业独特的市场营销战略，其关系到今后相当长一段时间内文创企业的发展目标，是文创企业市场营销计划的重要依据。所以，市场营销战略的准确性在很大程度上影响着文创企业的发展。如果一个文创企业制定出了不正确的市场营销战略，不论它推出了多么精细的实施方案，具有多么优秀的销售团队，在市场竞争中都难以取得优势，对企业的生存和发展构成威胁。

(二) 突出差异的创新原则

在当今竞争激烈的市场环境中，产品的创新与差异化设计成为企业生存和发展的关键。突出差异的创新原则不仅是企业在市场中获得竞争优势的手段，更是满足消费者多样化需求的有效途径。通过深入了解消费者的偏好与需求，企业可以从产品品类、消费群体和消费手段等多个维度进行创新，推动产品的差异化发展。以下从多个方面对突出差异的创新原则进行探讨。

1. 产品品类差异化创新

产品品类差异化创新是突出产品与竞品之间差异的核心策略。市场上同类产品数量庞大，消费者面对众多选择时，往往会倾向于那些能够满足其个性化需求的产品。因此，企业在进行产品设计时，必须根据消费者的需求和偏好进行创新，推出多样化的产品品类，这不仅可以避免产品的同质化，还能够吸引更多潜在消费者。例如，在文创产品设计中，企业可以根据产品的品牌定位和市场需求，将产品打造成系列化、品牌化的形式，从而在设计中凸显产品的独特性。

产品品类差异化创新的另一个重要方面在于设计的科学性与规范性。只有通过科学的市场分析和合理的品类细分，企业才能更准确地掌握消费者的需求，从而推出符合市场期望的产品。此外，创新并不仅仅体现在产品的外观设计上，还可以延伸到功能、材质以及用户体验等各个方面。通过这些多维度的差异化创新，企业能够有效避免产品在市场上陷入"同质化竞争"的陷阱，进而提升自身的市场竞争力。

2. 消费群体差异化创新

消费群体差异化创新是指企业在设计产品时，必须充分考虑到不同消费群体的需求差异，并为其提供个性化的产品设计方案。随着消费者需求变得更加多样化与个性化，产品必须根据不同群体的特点进行细分和调整，以确保满足每个群体的独特需求。这一创新策略能够帮助企业提高产品的市场适应性与消费者的满意度。

消费群体差异化创新需要企业在设计初期进行详细的市场调研。通过了解消费者的年龄、性别、文化背景、生活方式等因素，企业可以将市场划分为多个子群体，并为每个群体设计出符合其特定需求的产品。例如，年轻消费者可能更倾向于时尚、科技感强的产品，而中老年消费者则可能更注重产品的实用性与耐用性。通过这样的差异化设计，企业不仅能够提升产品的吸引力，还能够增强品牌在各个细分市场中的竞争力。

3. 消费手段差异化创新

随着"互联网+"模式的兴起，企业的消费手段差异化创新成为其在市场竞争中的一大亮点。传统的营销手段已经无法满足当今消费者的多样化需求，因此企业必须不断更新和创新消费方式，以增强消费者的购买欲望。消费手段差异化创新不仅体现在产品销售渠道的多样化上，还体现在消费者与品牌的互动形式上。

通过互联网技术，企业可以将线上与线下销售渠道相结合，为消费者提供更加便捷、个性化的购物体验。例如，许多企业通过移动端应用程序或社交媒体平台进行产品推广和销售，利用大数据技术分析消费者的购物习惯和偏好，推送个性化的产品推荐。这样的差异化创新策略，不仅能够增强消费者对产品的认同感，还能够提高企业的销售转化率。此外，消费手段的差异化还包括企业与消费者之间互动形式的创新。通过举办线上线下的互动活动、推出限时优惠或体验式消费等方式，企业可以进一步拉近与消费者的距离，增强品牌忠诚度。

4. 消费体验差异化创新

消费体验差异化创新是近年来企业在产品设计中愈发重视的一环。随着消费者越来越注重产品的整体体验，企业必须超越传统的产品功能设计思维，转向以消费者体验为核心的创新模式。消费体验的差异化不仅包含购买时的便利性，还包括使用过程中的舒适度、情感体验以及售后服务等多方面内容。

为了实现消费体验的差异化创新，企业可以通过打造定制化的消费场景或提供个性化的服务，来满足消费者的情感需求。例如，一些品牌通过智能化技术为消费者提供定制化的产品方案，使其能够根据个人喜好选择产品的颜色、材质或功能组合。这样的创新设计，不仅可以提高消费者的满意度，还能够增强产品的市场竞争力。

(三) 兼顾美观与实用性的原则

人们对美的追求体现在生活的方方面面，文创企业推出美观且具有实用性的产品，旨在美化人们的生活。美学实用性效应描述的是这样一种现象；人们总认为较有美感的设计比欠缺美感的设计更容易使用，不管事实是否如此。这种效应已在多项试验中被验证并对产品设计有着有益的启示。

美观的设计，应该使产品看起来更容易使用，而且使产品有着更高的被使用可能性（不管事实上它们是否真的更容易使用），更实用但缺乏美感的设计则可能遭到冷落，甚至引发实用性争论。美观的设计比缺乏美感的设计更能有效地激发消费者对产品产生积极的态度，并使他们更能容忍设计上存在的问题。

美的产品不仅要满足消费者审美的需求，同时还应使消费者感觉到美观的产品更好用。因此，在文创设计过程中，应该从用户的感受出发，细心观察用户的情感与喜好，总结其中的美学特征，在和文化结合的同时，设计出符合用户需求的兼顾美观与实用性的产品，从而为人们营造一个温柔的、乐观的、愉悦的、享受的美丽心情。

(四)遵循绿色环保的原则

遵循绿色环保的原则不仅仅是产品设计中的一个趋势，更是一种可持续发展的必然要求。随着全球环境问题的日益严重，人类对生态系统的破坏已对自身的生存产生了直接威胁。基于此，设计领域逐渐涌现出"绿色设计"的理念，强调在设计过程中将环境保护作为核心考量因素，以减少对自然资源的过度消耗以及对生态环境的破坏。在这一背景下，探讨绿色环保原则的应用，不仅能够推动技术和设计的发展，也为全球环境保护贡献力量。

1. 资源的可持续利用

在产品设计过程中，设计师必须优先考虑资源的再生性和可持续性。现代社会对有限的自然资源依赖度极高，若不加节制地开采和使用，将不可避免地加速资源枯竭。因此，在选择设计材料时，设计师应尽量使用可再生资源，如竹材、再生塑料等。同时，还应确保资源在产品生命周期内的高效利用。这不仅有助于延长产品的使用寿命，还能减少资源的浪费。资源的可持续利用原则要求设计师在设计的每一个环节中，都要以环保为前提，尽量减少资源的消耗，避免因不合理使用而对环境造成破坏。

2. 降低能耗

随着全球能源消耗的不断增加，能源危机日益显现。设计师应在产品设计中，尽量采用清洁、可再生的能源，如太阳能、风能等，以减少对传统不可再生能源的依赖。同时，在产品的生产和使用过程中，应尽量降低能源消耗，避免能源浪费。例如，通过改进生产工艺，减少不必要的振动、噪声和热辐射等能量浪费现象，不仅可以提高生产效率，还能减少对环境的污染。

3. 污染防控

传统的设计理念往往是"先污染，后治理"，这种方式不仅增加了环境治理的成本，也无法从根本上解决污染问题。绿色设计则主张"预防为主，治理为辅"，要求设计师在设计初期就考虑到如何减少或消除污染源，从源头上避免对环境的破坏。例如，在材料选择上，设计师应优先选用无毒、可降解的材料，以减少产品在使用或报废过程中对环境的污染。此外，在生产环节中，应采用更加清洁的技术，减少废气、废水和固体废物的排放，从而有效控制污染。

4. 确保产品的安全性和健康性

在产品的整个生命周期内，不仅要关注其对环境的影响，还要保障其对人类健康和安全。这就要求设计师在设计时，要充分考虑到产品在制造和使用过程中对生产者和消费者可能产生的健康威胁，避免产品在使用过程中对使用者的身体或心理造成不良影响。通过改进设计，提升产品的安全性，不仅有助于保护消费者身心健康，也能够提高产品的市场竞争力。

5. 技术的先进性

绿色设计并非意味着简单地减少资源和能源的消耗，而是通过技术创新，使产品既能满足环保要求，又能保持良好的市场竞争力。设计师应积极应用现代科技手段，结合人工智能、数字化设计等先进技术，提高产品的环保性能。例如，通过对产品生命周期的精确模拟和预测，优化资源使用，减少能源浪费，使产品的生产和使用更加高效和环保。技术的不断进步不仅能提高产品的环保效益，还能为设计行业开辟新的发展空间。

6. 实现生态经济效益的最大化

在传统的设计中，经济效益往往是企业追求的主要目标，而绿色设计则更强调在实现经济效益的同时，也要考虑其对生态环境的影响。设计师在设计过程中，不仅要考虑产品在市场上的表现，还要评估其在整个生命周期内对环境和社会的影响。通过减少对环境的破坏，增加产品的可回收性和再利用性，设计师可以帮助企业在降低环境成本的同时，获得更大的经济回报。

第三节　文创产品设计的具体方法

一、以功能为主的设计方法

以功能为主的设计方法是现代设计理论中的重要概念之一，它强调设计应首先关注产品的功能性，并在此基础上实现其他附加价值，如审美或文化表达。这种设计方法不仅影响产品的物理形态，还深刻反映了人们在特定社会环境中的需求和价值观。以功能为主的设计方法在实践中逐渐形成了其独特的设计逻辑，既注重实际需求的满足，也在某种程度上塑造了现代设计的美学观念。

以功能为主的设计理念根植于实用主义的思潮。这一思潮源于工业化进程中对效率、实用性的迫切需求，尤其在 20 世纪初的德国包豪斯学院得到了广泛推崇。

包豪斯的设计哲学认为，设计应服务于日常生活，简化复杂的形式，注重功能的表达。这一理念最初是为了解决工业化生产中的效率问题，将生产成本降到最低，但随着时间的推移，它逐渐发展成一种设计美学，主张去除不必要的装饰，突出产品的功能本质。无论是建筑设计还是产品设计，功能都被视为核心价值，其他因素则围绕功能展开。如现代的座椅设计，虽然其外观可以各异，但其核心功能始终是为人提供舒适的坐姿体验。

以功能为主的设计方法并不意味着设计的简化或单一化，而是在功能的基础上融入更多的设计语言。在这一框架下，设计师需处理好产品的不同功能之间的平衡。例如，在家具设计中，椅子的基本功能是提供舒适的坐姿体验，但设计师往往在此基础上加入美学元素或文化内涵，使其不仅仅是一个实用工具，还是一种艺术表达。如此一来，功能与形式之间达成了某种统一：功能作为设计的核心，而形式则为功能服务。举例来说，空调的核心功能是调节室内温度，但现代设计师通过优化其外观设计、操作体验，使其不仅满足温控需求，还成为室内装饰的一部分。

功能主义的设计方法也推动了创新设计的实践。现代设计师往往从人类的实际需求出发，以用户体验为导向，创造出符合人们生活方式的新型产品。通过深入研究用户需求，设计师能够在设计过程中更好地把握功能的实际价值，并在技术的支持下，实现功能与形式的最佳结合。例如，智能手机的设计不仅仅考虑通信这一基础功能，还涵盖了娱乐、办公、摄影等多种功能，这种复合功能的集成正是现代功能主义设计的体现。然而，在注重功能的同时，设计师也不能忽视产品的审美价值和情感共鸣。功能主义的设计虽然强调实用性，但它并不是否定美学的存在，而是主张美学应为功能服务。近年来，随着用户对个性化需求的提升，产品设计逐渐融入了更多的审美考量。设计师通过对形态、材质、色彩的创新，使功能性的产品在保证实用性的同时具备更高的视觉或触觉享受。这样的设计理念在文创产品中尤为明显，设计师常常利用仿生、抽象等手法，将文化元素与日常物品相结合，设计出兼具功能性与文化内涵的产品，这不仅提升了产品的使用价值，也满足了消费者对文化认同和情感共鸣的需求。

二、突出趣味性的设计方法

趣味性设计作为现代设计中的重要原则，旨在通过满足人们在情感、视觉、文化等方面的需求，引发消费者的愉悦感和购买欲望。趣味设计不仅关注外观形式上的吸引力，更强调设计与用户的深层次情感互动，从而在产品的体验过程中激发出持久的乐趣。正如我们生活中的许多产品，尤其是文创产品，通过巧妙的设计传达出趣味性，使消费者在忙碌的日常生活中获得精神上的放松和愉悦。

趣味性设计的效果往往取决于多个关键要素，这些要素直接影响到用户的体验和产品的市场竞争力。

1. 造型的趣味性

造型设计是趣味性设计中最直观的表现形式，产品的外观造型可以通过独特的形态、比例和结构来吸引用户的注意力，并使其感受到新奇与乐趣。例如，一些日常用品通过模拟自然界的形态，将抽象的艺术元素融入设计，使产品造型充满了趣味性。例如，手机壳、茶具等物品通过模仿经典动漫人物形象或历史文化符号，赋予了产品特殊的情感内涵，满足了用户在视觉上的愉悦。

2. 功能的趣味性

除了造型，功能设计的趣味性也是影响产品吸引力的重要因素。功能性产品如果能在实用基础上融入趣味元素，往往会给人带来意外的惊喜。例如，一些智能音箱，不仅具备出色的音质，还通过语音互动、个性化的声音设计等，使用户在日常使用中获得乐趣。

3. 文化的趣味性

趣味性设计的成功与文化背景的融入密不可分。设计师需要深度挖掘不同文化中的象征性元素，将其与现代设计语言巧妙结合，形成富有趣味且具有文化底蕴的产品。文创产品特别注重文化趣味的表达，其在设计时通过符号、图案和故事等手段，让消费者在使用产品的同时，感受到独特的文化气息和情感共鸣。例如，某些以传统节日为主题的文创产品，通过文化符号的巧妙应用，使人们在享受产品的同时，也对传统文化产生了深刻的认同感。

4. 互动的趣味性

在当代产品设计中，互动性越来越成为突出趣味性的关键手段之一。通过增加用户与产品之间的互动环节，可以使用户在使用过程中获得更多的参与感和乐趣。尤其是在数字化产品中，设计师往往通过增强用户体验的方式，激发用户的好奇心。例如，某些具有智能交互功能的文创产品，能够根据用户的操作和需求，作出即时反馈，使使用者产生积极的情感体验。这种设计不仅增加了产品的趣味性，还提高了用户的忠诚度和满意度。

三、融入情境的设计方法

在现代设计理论中，情境的融入已然成为设计方法中的关键环节，尤其在文创产品的开发中更是如此。情境设计不仅仅是对物理场景的还原，更重要的是通过创造精神意境，赋予产品情感和内涵，使用户在使用过程中产生深刻的体验。这种设计方法着重于产品与用户情感连接的构建，使产品在不同场景中得以延续其价值。这不仅是为了提升产品的功能性，更是为了增强其文化内涵和艺术性。

(一)情境设计的核心原则

融入情境的设计方法强调通过具体场景来展现产品的独特价值。情境不仅是指物理上的使用场景，还包括精神上的感受和想象。在这个过程中，设计师需要通过用户的实际使用环境，结合产品的功能特性，设计出具有独特情境感的产品。这种情境设计有助于用户在使用产品时产生共鸣，从而增强产品的吸引力和价值。例如，茶道产品的设计不仅要考虑其使用功能，还要融入茶道所代表的宁静、和谐的精神意境，使产品本身能够传达出文化和美学的信息。

同时，情境设计的另一个核心原则是让产品具备多重价值——在使用过程中，它是一件实用工具；在闲置时，它则成为一件具有观赏价值的艺术品。这样的设计理念旨在通过情境营造，使用户在不同状态下都能从产品中获得不同层次的体验。

(二)观察与分析用户需求

在融入情境的设计方法中，理解用户需求是首要任务。设计师不仅要通过问卷调查和数据收集等方式了解用户的基本需求，更需要通过实地观察、访谈的方式深入挖掘用户的潜在需求。因为用户在特定情境下的行为往往有着复杂的动机，简单的调查无法全面捕捉到用户的真实需求和情感。例如，在使用一款文创产品时，用户的情绪变化、对产品的直观反馈以及潜在的期望，往往是通过长时间的观察和实际使用场景中的体验才能得以呈现。设计师在融入情境设计时，必须充分了解这些细节，才能确保设计出的产品符合用户的内心需求。

(三)从场景中提取用户情感联结

情境设计不仅关注产品本身的功能，还强调产品与用户情感之间的联结。用户在接触产品的初期，便已经在无意识中将个人情感投射到产品上。这种情感投射并不局限于使用产品的时刻，甚至在产品的展示、摆放等场合下也会产生。文创产品设计师应当通过精心设计的情境来增强这种情感联结。设计师通过模拟用户在不同场景下的行为和情绪变化，可以更好地理解用户的潜在需求，进而设计出与用户情感契合的产品。这样的设计不仅增强了产品的文化价值，也拉近了产品与用户的距离，使得产品成为用户生活的一部分。例如，茶具的设计不仅要考虑其在茶道中的实际使用场景，还应当考虑其在家庭环境中的摆放与展示场景。通过设计出与周围环境相协调的外观，让茶具不仅实用，也能成为家中艺术品摆件，从而增加其附加价值。这种场景设计使得产品不再是孤立的工具，而是融入了用户的生活空间，承载了用户的情感和文化体验。

(四)情境设计中的测试与优化

在情境设计的过程中，测试与优化环节不可或缺。设计师在完成产品初步设计后，通常会将其置于特定的场景中进行测试，以评估其在实际使用中的表现。通过对比预设的用户行为与实际使用行为，设计师能够发现产品设计中的不足之处，进而对产品进行调整和优化。在测试一款融入了茶道情境的茶具时，设计师可以观察用户在使用过程中的表情、动作以及情感反馈，进而判断产品的设计是否符合预期的情境需求。这种测试过程不仅帮助设计师验证产品的功能，还能帮助他们进一步优化情境的融入。如果用户在使用过程中无法体验到设计师所设定的精神意境，设计师便需要对产品的细节进行重新设计，以确保情境的准确传达。这种反复测试和优化的过程，能够确保最终设计出的产品既符合用户的实际需求，又能够通过情境设计传达出深层次的文化内涵。

四、演绎故事性的设计方法

以"讲故事"的方式来体现文创产品的文化内涵特征是文创产品常用的设计方法，也称为故事性设计。这种设计方法能使消费者在情感上产生共鸣，在文创产品设计中使用得较多。如果要阐述好文创产品设计中的故事，设计师需要发现产品的亮点，借助一定的亮点与消费者开展深入的交流。

充分挖掘产品的文化背景是故事性设计的要求，这些文化背景既可以是特殊的产地、历史溯源、非物质文化遗产、优良工艺、严格的制造过程等，也可以是凝结在产品中的设计情怀。与此同时，阐述文创产品的故事应当体现文创产品富有趣味性的层面。阐述故事的文案架构应当体现出严密的逻辑性，存在开头、中间与结尾一系列完整的情节。设计师在描述一项商品及其效益时，要按照一定的主次顺序来安排文案中故事的先后，以产品最显著的文化特征作为标题，引人入胜，进而带领读者深入了解更多的产品文化。

五、应用高科技的设计方法

科技发展对产品的创新具有巨大的推动作用，设计师可以利用最新的科技手段进行文创产品设计。例如，AR(增强现实技术)、VR(虚拟现实技术)正在逐步渗入人们的生活，设计师利用这两种技术可以为产品的叙述性特点增彩。此外，在一些大型博物馆和体验馆中使用的7D技术也预计会对文创产品的设计带来很大的帮助，如果以后能将这一技术应用于文创产品设计中，将会打破时空的界限，让人更加真实地领略文化。设计师要将文创产品的设计与科技发展结合起来，设计出有时代特色的产品。

六、运用传统文化元素的设计方法

中国传统文化元素作为中华民族数千年文明积淀的物质与精神文化成果，展现了丰富的文化底蕴与审美价值。在现代设计中，有效地运用传统文化元素，不仅可以使产品更具文化特色，也能增强消费者对产品的文化认同感和情感共鸣。因此，越来越多的设计师开始探索将传统文化元素融入设计的方式，以期通过文化传承与创新相结合的设计，塑造出具有独特艺术表现力的产品。以下从传统文化元素的选择、符号化处理与现代设计语言结合等角度，探讨其在设计中的应用方法。

(一)传统文化元素的选择与提炼

在设计过程中，首先需要对传统文化元素进行有效选择与提炼。这一环节要求设计师深入理解传统文化的内涵，挖掘能够体现中国传统文化精髓的元素。例如，书法、篆刻、剪纸、刺绣等传统技艺不仅是形式上的文化符号，更蕴含着深厚的历史背景和文化精神。因此，设计师在选择文化元素时，应基于产品的特点与目标受众的文化需求，将具有代表性、传播性和美学价值的元素加以提炼，以中国书法为例，书法不仅仅是文字的书写形式，还包含了独特的笔法、结构和空间布局，能够通过简单的线条传递出复杂的情感和意境。设计师在使用书法元素时，往往不是直接复制书法作品，而是通过对其线条、笔触的艺术化提炼，形成独具风格的视觉符号。这种符号化的处理，不仅能体现中国传统文化的深邃韵味，还能赋予现代设计高度的视觉表现力。

(二)传统文化元素的符号化与再设计

为了更好地将传统文化元素融入现代设计，设计师通常会对传统文化符号进行符号化的再设计，使其在保持文化属性的同时，兼具简洁、明快的现代设计风格。符号化的处理是指通过简化、抽象化和提炼，将传统文化中的复杂形象或符号转化为易于识别和理解的现代设计语言。例如，在视觉设计中，中国传统的龙凤纹样、祥云图案等富有象征意义的文化符号，常常被简化为几何图形，或通过线条与色块的组合呈现，使其更具现代感和普适性。这种符号化再设计不仅能够使传统文化元素更易为现代消费者所接受，也使设计更符合当代审美趋势。又如，在建筑设计中，传统建筑的飞檐、斗拱等元素常被符号化为简单的线条结构，融入现代建筑中，从而在保留传统美感的基础上，强化了建筑的文化内涵与现代性。

(三)传统文化与现代设计语言的结合

将传统文化元素融入现代设计的核心在于，如何在保持传统文化内涵的基础上，与现代设计语言进行有机结合。现代设计语言追求简约、功能性与美感，而传统文化元素往往具有丰富的象征意义和艺术性。如何平衡两者，避免出现传统文化元素的生硬拼接，是设计师需要解决的关键问题。一个有效的设计方法是，将传统文化元素作为设计灵感的来源，通过现代设计手法对其进行诠释。例如，在服装设计中，设计师可以借鉴汉服的廓形和传统刺绣的图案，通过现代面料与工艺的结合，创造出既保留了传统服饰的优雅，又符合现代穿着需求的时尚作品；在家具设计中，传统木工技艺中的榫卯结构通过现代设计语言得以创新应用，使家具在功能性和美学上都得到了提升。

此外，色彩的使用也是传统文化元素与现代设计结合的重要方式之一。传统文化中的颜色往往具有特定的文化象征意义，如中国传统的红色象征喜庆与热情，青花蓝则代表清新与典雅。在现代设计中，设计师可以通过对传统色彩的重新组合与运用，赋予设计作品新的文化内涵。例如，现代平面设计中常使用具有中国传统色彩的调色板，通过色彩的搭配与对比，突出设计的文化特色。

第四节 文创产品设计的创新融合发展方向

文创产品设计作为文化与创意产业的重要组成部分，不仅代表着当代文化创意的成果，更体现了传统文化与现代科技的融合。在全球化与数字化的时代背景下，文创产品设计的创新融合发展方向呈现出多元化的趋势。

(一)文创产品设计的创新融合以文化内涵为核心

文化内涵的深度与广度决定了文创产品的持久生命力。在产品设计中，文化元素的选择和表达不仅要有独特性，还需具备普遍的文化认同感。以中国传统文化为例，设计者在选取传统符号时，需结合当代审美和消费需求，将文化精髓转化为符号化、可感知的视觉语言，增强文化的传播力与亲和力。例如，近年来广受欢迎的故宫文创产品就是通过对传统宫廷文化符号的重塑并与现代时尚元素巧妙结合，实现了文化的创新表达。这一策略不仅赋予了产品独特的文化价值，还有效推动了传统文化的传播。

(二)科技的支持与推动

科技与文化的结合为文创产品的多样化、个性化提供了强有力的技术支持。随着 VR、AR、AI 等新技术的应用，文创产品设计可以突破传统的物理界限，进入一个更加广阔的创意空间。例如，通过 AR 技术，用户能够在体验文创产品的过程中，看到与之相关的历史场景或故事背景，使文化的传递更具互动性与沉浸感。这种融合不仅增强了用户体验的丰富性，还为文创产品的市场化推广提供了新的可能。

(三)重视跨界合作

文化创意产业本质上是一种多元文化与创意的交汇，因此，跨界合作成为文创产品设计中不可忽视的环节。通过与时尚、建筑、影视、游戏等领域的合作，文创产品能够实现多维度的创新。在跨界合作中，各领域的创意元素得以交融碰撞，形成新的设计灵感与表达形式。例如，某些电影衍生的文创产品不仅吸引了电影爱好者的关注，还凭借精美的设计吸引了时尚爱好者和艺术品收藏者，从而扩展了文创产品的受众范围。跨界合作为文创产品赋予了更多元的文化内涵和更广阔的市场空间。

(四)注重可持续性发展

在全球环保意识增强的背景下，绿色设计理念逐渐成为文创产品设计中的重要方向之一。设计者需要在产品的材料选择、生产工艺、生命周期等方面充分考虑环保与资源节约。例如，越来越多的文创产品设计开始采用可回收或可降解材料，同时在设计中融入生态保护的主题，顺应全球可持续发展的趋势。这不仅是对社会责任的回应，也为文创产品的创新提供了新的方向。通过倡导绿色设计理念，文创产品可以在实现文化传播和创意表达的同时，传递环保理念，进一步提升其社会影响力。

(五)以消费者体验为导向

随着消费观念的升级和个性化需求的增加，消费者对文创产品的要求已经不仅仅局限于产品的外观设计，而是更加关注产品的功能性和体验感。设计者需要从用户需求出发，深入了解消费者的心理和使用场景，结合大数据分析、用户调研等手段，设计出符合市场需求的个性化文创产品。例如，近年来兴起的定制化文创产品，正是基于对消费者个性化需求的深刻理解，设计者通过为用户提供个性化的选择，使其在参与设计的过程中与产品建立情感连接，从而提升了产品的附加值和市场竞争力。

综上所述，文创产品设计的创新融合发展方向涵盖了文化内涵、科技支持、跨界合作、可持续性发展以及消费者体验等多个层面。在未来的设计实践中，只有综合考虑这些因素，才能推动文创产品在全球化竞争中脱颖而出，实现文化与创意的深度融合。

第二章 文创产品设计的流程 与创新融合视角分析

第一节 文创项目管理与产品市场调研

一、文创项目管理分析

文创产品设计活动大多以项目形式表现出来，当文创设计与具体项目的相关技术、管理学相融合，就产生了文创设计项目管理。文创设计项目管理，是指应用项目管理理论和技术，为完成一个预定的文创设计目标，充分考虑到时间、资源、成本、技术、材料和制造等方面的限制，对任务和资源进行合理计划、组织、协调、控制的科学管理活动。在文创企业经营与新产品、新服务方式开发的过程中，文创设计项目管理起着关键作用。因此，成熟的文创设计团队必须具备成熟的项目管理能力，从而在限定的条件下顺利有序地完成文创设计任务。文创产品设计师除了具备一般产品设计师所具有的能力外，还需具备较高的文化素养，需要具备一定的文化认知和文化整合能力，才能设计出具有文化内涵的高质量产品。

(一) 文创设计项目管理的准备工作

对于一个比较成熟且具有较长设计经历的文创企业或团队来说，准备工作的内容和所花的准备时间相对较少。但作为第一次进行文创设计或文创设计活动进行较少的企业，在文创设计项目开始前，由于各团队成员之间的配合较为生疏，需要充分做好产品设计前的准备工作。

设计项目开始前的管理准备工作一般包括组建文创设计队伍、进行文创设计前期检查及编制文创设计规划书三个方面。

1. 有效组建文创设计队伍

企业必须根据文创设计项目的内容、性质及企业自身技术能力的情况来确定是否需要组建文创设计队伍或组建一支怎样的文创设计队伍。通常而言，由于文创产品在市场中更新的频率很快，每年需要较多的新文创产品进入市场；而且由于文创设计项目的复杂程度不一，文创企业需要组建文创产品设计队伍。

（1）指定设计经理。在文创企业的设计组织中，文创设计经理（设计组织主要负责人）起着关键的作用。在对具体文创设计项目的管理中，文创设计经理的职责主要有以下方面：①编制文创设计规划书；②选择文创设计师和文创设计项目负责人；③组织和协调文创设计活动，激励文创设计人员；④负责文创设计组织与其他部门的协调工作；⑤管理文创设计项目流程的全过程。

（2）指定文创设计师。一个文创设计组织需要多少文创设计人员和需要怎样的设计人员，完全取决于文创企业要执行的文创设计项目的规模和设计项目的具体内容。除了考虑技术因素外，还要明确哪些是整个项目中的关键技术。对于具有专门技术或较为关键的技术限制的项目，最好由固定的文创设计师来负责。而且，建成一支长久性的、高水平的文创设计队伍是一个成功企业的长期规划，必须在设计管理的实践过程中逐步实现。文创设计团队一般来说需要具备多种能力，产品设计师、视觉设计师都应兼顾到位，做到全方位互补。

2. 进行文创设计前期检查

在文创项目的开展中，前期检查是确保项目顺利进行的关键步骤。文创设计前期检查的首要目的是明确项目的市场目标和定位，这是决定设计成败的核心因素。市场目标的清晰与否，直接影响后续设计方向的准确性以及市场的接受度。此外，前期检查还有助于评估文创企业内部的设计资源，包括人力、物力、技术等，以确保资源的合理配置。通过系统的检查，可以有效预见设计过程中可能出现的风险，提前采取措施进行规避，从而提高项目的成功率。

（1）明确市场目标的重要性。

文创设计的市场目标直接决定了项目的定位和受众群体，因此在前期检查中，企业需要深入了解目标市场的需求和偏好。通过市场调研、数据分析等方式，企业可以进一步明确文创项目的市场方向，从而确保设计的每一步都紧密围绕市场需求展开。一个未能明确市场目标的项目，往往会在设计的后期出现偏差，甚至导致市场无法接受设计成果。因此，明确市场目标是前期检查中十分重要的环节。

（2）评估企业设计资源。

除了明确市场目标，文创设计前期检查的另一个重要内容是评估企业的内部设计资源，包括对设计团队的技术能力、创意水平、工作效率的评估，此外，还需要检查企业的技术设备是否满足项目需求。在设计资源的评估过程中，不仅要关注现有的资源情况，还需要预估项目未来可能的资源需求，并制定相应的补充方案。资源的不足可能会导致项目延期、质量下降等一系列问题，因此这一环节不可忽视。

（3）技术和管理能力检查。

文创项目的技术环节往往决定了项目的创新性和市场竞争力，因此前期检查还需对设计技术的薄弱环节进行梳理，确保项目的技术方案切实可行。如果企业在某些技术上存在短板，前期检查可以帮助企业及时发现问题并加以改进。此外，项目管理能力的评估也是前期检查的重要内容。文创设计项目往往涉及多个部门和团队的协作，管理水平的高低直接影响项目的进度与质量。一个好的管理团队，能够在项目推进过程中，合理安排时间、分配任务，确保项目各环节的顺利衔接。

（4）负责人要求。

文创设计前期检查的负责人，必须具备丰富的文创设计经验和管理能力。只有熟悉文创设计流程、具备强烈责任感的人，才能以客观、公正的态度进行项目检查，并在项目出现问题时，及时做出正确的判断和调整。前期检查不仅是一项技术性的工作，更是一项综合考验设计、管理、协调能力的工作。因此，选择合适的负责人是前期检查成功的保障。

3. 合理编制文创设计规划书

在文创设计项目启动之前，编制一份全面、详细的文创设计规划书，是保证项目有序进行的基础。规划书不仅为设计提供了明确的方向和目标，还能有效降低项目过程中潜在的风险。设计规划书为设计师提供了明确的任务指引，使其能够迅速理解项目需求，提前进入工作状态，避免项目开始后出现沟通不畅或信息缺失等问题。同时，规划书的编制也是企业积累项目管理和设计经验的重要途径。

（1）确定设计目标。

一个成功的文创设计项目，首先需要明确设计的最终目标。设计目标的确定应基于市场研究、用户需求分析以及企业的整体战略规划。在编制规划书时，需要将设计目标具体化，如产品的功能需求、用户体验要求、市场表现预期等内容。明确的设计目标可以让整个团队在项目实施过程中有的放矢，确保设计的每一步都朝着最终目标前进，避免项目偏离方向。

（2）制订设计计划。

在文创设计项目中，设计计划的合理制订是项目按时、按质完成的保障。设计计划不仅包括项目的总体进度安排，还应细化到每个阶段的具体任务和时间节点。例如，设计的概念阶段、草图阶段、方案阶段、实施阶段等，均需明确任务分配与时间表。通过科学合理的设计计划，企业可以对项目的时间进度进行有效管理，确保设计团队在有限的时间内完成高质量的创作。

（3）明确设计要求。

设计要求是设计师在创作过程中必须遵循的准则，是对设计质量的基本保障。在编制文创设计规划书时，企业需要明确设计要求，包括技术标准、质量标准、材料选用等具体细节。特别是在文创设计中，设计要求的明确能够帮助设计师在创新与实用性之间找到平衡点，确保设计作品不仅具备创新性，还符合市场的实际需求。明确的设计要求可以减少设计过程中的反复修改，提高设计效率。

（4）研究规划书编制步骤。

文创设计规划书的编制通常需要经过详细研究，步骤如下：首先是市场研究，通过市场调研和数据分析，了解目标市场的需求和竞争环境；其次是产品研究，分析产品的功能、用户体验等方面的要求；然后是技术研究，主要评估企业的技术能力是否能够支撑设计目标的实现；最后，通过与设计团队、管理团队的充分交流，评估规划书的可行性，并根据实际情况进行调整。通过这一系列研究与活动步骤，规划书可以更加全面地反映项目需求，确保项目的顺利实施。

(二)文创设计规划

文创设计规划是设计管理者对具体的文创项目在执行过程中所做的全面管理工作。在文创设计项目管理准备完成之后，对设计规划的管理就成了设计管理者的中心工作，它对能否达到和完成设计规划书中所规定的文创设计目标起着十分重要的作用。对文创设计规划的管理通常可以采取分阶段的管理、新产品设计与开发流程管理、设计规划的品质管理、设计品质与成本管理及设计品质与日程管理等方式。

(三)文创设计评估

文创设计评估是在设计过程中，通过系统的设计检查来确保文创项目最终达到设计目标的有效方法。文创设计评估的主要功能是及时排除文创设计中存在的问题，确保文创设计质量和最大限度地降低产品开发风险。英国的设计管理专家根据设计程序将设计评估分为需求评估、前期评估、中期评估和后期评估四个阶段。在这些阶段中，文创设计需求评估就是根据市场中的各种信息情报以及企业内外部各种环境因素，对受众的需求因素作进一步的分析评估，以确保文创设计定位的准确性；文创设计前期评估就是针对设计需求要素明确以后的多种设计方案，通过评估选择一个最为合适的或具有发展前景的方案；文创设计中期评估是在设计的总体方案确定以后，在生产图纸形成以前进行的一次十分关键的评估，这一阶段的评估内容主要是对文创设计中的各个细节内容进行评估；文创设计后期评估是在工作样机制作和试生产结束后，在文创产品进行批量生产前还必须进行设计的后期评估。

二、文创产品市场调研

文创产品市场调研是一项有计划、有组织的活动，必须遵照一定的工作程序，才能有条不紊地实施调查，进而取得预期的效果。文创产品市场调研的程序一般可分为确定调查主题与调查目标、制订调查计划、确定调查方法、实施调查计划和撰写调查报告五个主要阶段。

(一)确定调查主题与调查目标

当今，文创产品市场竞争日益激烈，文创产品要想在市场中获得持续的竞争优势，必须依赖准确且科学的市场调研。在这一过程中，市场调研不仅是发现问题、分析市场环境和预测市场走向的重要工具，也是制定营销决策的基础。然而，由于市场中影响因素复杂多样，文创产品的种类和特性也千差万别，单次市场调研不可能解决企业所面临的所有问题。因此，明确调查主题和调查目标，成为确保调研有效性和针对性的关键步骤。以下探讨如何科学地确定文创产品市场调研的主题与目标，分析不同类型的市场调研项目，从而为企业的市场决策提供有力支持。

1. 明确调查主题的重要性

文创产品市场调研的首要任务是明确调查主题。在众多市场调研课题中，选择最具有现实意义的主题至关重要。对于企业来说，不同的发展阶段、市场环境以及产品定位，都会影响其调查主题的选择。例如，刚进入市场的文创企业可能更加关注消费者的需求变化和竞争者的动态；而已经在市场中占据一定份额的企业则可能会更加注重产品的创新以及消费者忠诚度的提升。因此，企业在开展调研之前，必须明确其最迫切需要解决的核心问题，从而为后续的调研活动指明方向。

在确定调查主题时，首先应避免调查主题过于宽泛或模糊的情况。如果主题不明确，调研活动将缺乏针对性，无法有效地解决实际问题。例如，单纯地提出"了解市场需求"这样的主题，虽然表面上涵盖了广泛的市场信息，但实际上却难以对调研提供具体的指导。因此，企业必须对调查主题进行适当的限定，使其具有清晰的边界，确保调研活动能够聚焦关键问题，避免无效的信息采集。其次，调查主题也不能过于狭窄。若调研范围过小，可能会忽视与核心问题相关的其他因素，从而导致调研结果无法全面反映市场的真实状况。例如，若仅对某一产品的价格进行调研，而忽视了消费者的购买动机、品牌偏好等重要信息，最终的调研结果可能会误导企业的市场策略。因此，在确定主题时，应当在广度与深度之间保持平衡，既确保调研主题的具体性，又确保其具有一定的广泛性，从而为企业提供全面的市场洞察。

2. 调查项目的分类与选择

在确定了调查主题后，企业需要进一步明确调查的目标，即希望通过调研获得哪些信息，这些信息将如何帮助企业解决问题或制定决策。根据调查主题的性质和目标的不同，市场调研项目可以大致分为三种类型：探索性调查、描述性调查和因果关系调查。每种类型的调研项目都有其特定的适用场景和目的，企业应根据自身的需求选择合适的调查类型。

（1）探索性调查。探索性调查主要用于在市场状况不明或企业对某一问题缺乏足够了解的情况下，帮助企业初步了解问题的性质、找出潜在的解决方向。此类调查通常是调研的第一步，其目的在于为后续的描述性或因果关系调查提供基础信息和思路。例如，文创企业发现某一段时间内产品销量持续下滑，原因可能是多方面的，如市场竞争加剧、替代品出现、消费者喜好变化或产品本身存在问题。在这种情况下，企业需要通过探索性调查对市场进行初步分析，了解问题的可能原因，并在此基础上制订进一步的调研计划。

探索性调查的特点在于其灵活性和开放性。调研人员可以通过访谈、文献分析或焦点小组等方式搜集初步信息，形成对问题的初步认识。然而，探索性调查的结果通常不能直接用于决策，因为其数据相对粗糙，更多的是为后续的精细化调查提供线索。因此，企业应将探索性调查视为了解问题背景的起点，而非最终解决方案。

（2）描述性调查。描述性调查是文创产品市场调研中最为常见的一种类型，其主要目的是对市场的现状进行详细的、系统的描述。这类调查通常针对具体的市场要素，如消费者行为、市场需求变化及竞争者动态等，收集大量数据以供企业分析决策。例如，当企业需要调整其短期的营销策略时，描述性调查可以帮助其了解当前文创产品的市场需求、消费者的偏好以及竞争对手的市场份额等信息。

描述性调查强调数据的准确性和全面性，通过定量和定性相结合的方式对市场进行静态描述。文创企业可以通过问卷调查、观察法等方式获取大量的市场数据，并通过统计分析工具进行深入的分析。例如，企业可以通过描述性调查了解消费者的年龄、性别、购买动机等人口学特征，从而制定有针对性的市场推广策略。此外，描述性调查还可以用于预测未来的市场趋势，如通过分析过去几年的市场数据，预测未来的市场需求变化。这类调查的优点在于其数据的精确性和可操作性，能够为企业提供明确的决策依据。

（3）因果关系调查。因果关系调查是为了分析市场中各要素之间的相互关系，尤其是弄清楚某一变量的变化如何受到其他因素的影响。例如，文创企业可能希望了解产品价格变化对销量的影响，或者广告投入对品牌认知度的提升效果。在这种情况下，因果关系调查可以帮助企业识别出市场中不同要素之间的因果关系，从而为企业的市场决策提供科学依据。

因果关系调查的核心在于对变量之间因果联系的分析。通过实验设计、回归分析等方法，调研人员可以在一定程度上排除其他干扰因素，精确地分析某一变量的变化与其他变量之间的因果联系。例如，企业可以设计一组实验，测试不同的价格策略对消费者购买行为的影响，或者通过历史数据分析广告投入与销售额之间的关系。然而，因果关系调查通常要求较高的技术和数据处理能力，其结论也需要经过严格的验证才能应用于实际决策中。

3. 调查目标的明确与实现

确定了调查主题和调查项目后，企业还需要明确调查的具体目标。调查目标不仅仅是获取某些数据，而是通过数据的分析和解读，找到问题的解决方案或优化策略。

明确的调查目标能够帮助企业在调研过程中保持清晰的方向，避免调研活动偏离核心问题。此外，调查目标的实现也离不开科学的调研方法和严谨的分析过程。

在数据收集的过程中，企业应确保数据的真实性和代表性，避免因数据样本偏差导致的错误结论。同时，企业还应根据调查结果制订相应的行动计划，将调研成果应用于实际的市场决策中，从而实现调研的最终目标。

(二) 制订调查计划

在文创产品市场调研过程中，制订一份详细且合理的调查计划至关重要。市场调研人员需要确保调查的目标明确，资料来源可靠，调查对象精准，调查方法科学，这样才能确保调查结果具有广泛的适用性和实践价值。以下从资料来源、调查对象和调查方法三个方面进行论述，分析如何制订一个有效的文创产品市场调研计划。

1. 确定文创调查资料来源

资料来源的选择是市场调研中极为关键的环节。根据资料的来源，通常可以分为第一手资料和第二手资料两种。

（1）第一手资料。第一手资料是指为了调研目的所采集的原始数据，这些数据尚未被加工或整理，具有较高的原始性和时效性。对于文创产品市场调研，尤其是在新产品的开发或推广阶段，第一手资料的价值极为重要。

采集第一手资料的方法主要有问卷调查、深度访谈、焦点小组讨论等。调研人员可以通过与消费者直接接触，了解他们的需求、偏好、消费习惯以及对特定文创产品的反馈。这种调研方式虽然成本较高，但其优势在于能够获取与研究问题直接相关的资料，确保数据的准确性和针对性。例如，在博物馆文创产品开发中，设计人员可以通过深度访谈，了解游客对特定展品的认知及情感反应，从而设计出具备市场吸引力的文创产品。这种调研方式可以帮助设计者从消费者的角度更好地理解文化资源的潜在市场价值，进而实现产品的创新性和独特性。

（2）第二手资料。第二手资料是指已经被他人采集并整理过的现成数据，通常可以通过文献查阅、政府统计数据及市场分析报告等途径获取。相比第一手资料，收集第二手资料的成本较低，并且更加节省时间。然而，在文创产品市场调研中，第二手资料的适用性较为有限，因为文创产品的开发往往需要针对特定的文化背景和消费者群体进行创新，已有的数据很难精准地反映出这些特性。但在某些情况下，第二手资料仍然有其价值。例如，在进行旅游景区文创产品调研时，景区的历史文化资料、地域文化特征等都可以通过查阅已有的文献资料获得，从而为调研提供一定的背景支持。

2. 确定文创市场调查对象

选择合适的调查对象同样是调研计划中的核心部分。调查对象的选择会直接影响调研结果的代表性和有效性。

根据调查对象的范围大小，文创产品市场调研可以分为普遍调查和抽样调查两大类。普遍调查适用于全体目标群体的研究，能够获得全面的统计数据，但实施成本较高，费时费力。在大多数文创产品市场调研中，普遍调查并不常用，除非是由政府机构或大型组织进行的大规模调查，如文化遗产普查或全国性的消费市场调查。

相对而言，抽样调查更加常见且实用。抽样调查通过对总体中的一部分个体进行研究，以样本数据推测总体的特征。这种方法节省时间和成本，且适合文创产品的特定消费者群体。抽样调查的方法主要分为随机抽样和非随机抽样两类。

(1) 随机抽样是依据随机原则，从总体中选择一部分个体作为调查样本，这样可以避免主观偏见，使样本具有更强的代表性。常见的随机抽样方法包括以下方面：①单纯随机抽样法。对总体中的个体进行编号，然后随机抽取样本进行调查；②系统抽样法。根据某一标准(如年龄、收入等)将调查对象排序，然后按固定间隔抽取样本进行调查；③分层随机抽样法。将调查总体按特定标准分为若干层，再从每层中随机抽取样本；④分群随机抽样法。将调查总体按区域或群体划分，然后从其中选择若干群体进行抽样。

随机抽样的优势在于减少了调研中的主观因素干扰，使得调研结果具有更高的科学性和推论价值。然而，随机抽样的实施相对复杂，尤其是在文创产品调研中，目标群体的文化背景、兴趣爱好往往差异较大，如何科学地划分样本群体，是随机抽样面临的主要挑战之一。

(2) 非随机抽样则相对简便，样本的选择往往受制于调查人员的主观经验和实际操作便利。常见的非随机抽样方法包括：①便利抽样法。选择最容易接触到的个体进行调查；②判断抽样法。调查人员根据经验判断选择代表性样本；③配额抽样法。根据预先设定的配额，在不同类别的样本中选取相应数量的调查对象。

虽然非随机抽样较为简单，但其代表性较差，尤其在文创产品市场调研中，由于文化与市场的多样性，非随机抽样的结果可能会带有较大的偏差，不适合用于全局性的市场推断。

3. 确定文创市场调查方法

根据调查资料和对象的不同，市场调研的方法也会有所差异。常见的调查方法包括问卷调查、访谈调查等。

(1) 问卷调查。问卷调查是一种较常见的市场调研方法，通过设计结构化的问题，向目标群体发放问卷，收集大量的数据。该方法的优点在于操作简单，数据量大，能够对样本群体的意见进行定量分析。对于文创产品市场调研，问卷调查可以帮助了解消费者对产品的认知、需求以及购买行为。

(2) 访谈调查。访谈调查主要通过与调查对象的直接交流，获取更加深入的定性数据。这种方法适用于探索消费者的潜在需求、价值观以及文化背景对文创产品购买决策的影响。

(三) 确定调查方法

在文创产品市场调查中，对数据资料的采集可以借助以下几种较为常用的调查方法：深度访谈法、人员直接观察法、问卷法。

1. 深度访谈法

深度访谈法又称为临床式无结构访问，即由训练有素、沟通技能较强的文创市场调查员直接与被调查者进行面对面的询问及讨论，以了解调查对象对某些问题的情感、动机、态度及观点等。深度访谈法是定性研究中经常采用的资料收集方法之一，主要是利用访谈者与受访者之间的口语交流，达到意见的交换，但也要注意访谈技巧。

(1) 深度访谈的优缺点。

优点：①灵活、细致。由调查人员提出的多个可自由讨论的问题，便于对复杂的问题进行详细的讨论；②沟通性较强。一对一的良好的沟通气氛，可缓解因调查内容产生的紧张情绪，可以获得更深层次的洞察；③减少语意表达的失误，确保被访对象能明确无误地理解问题的含义；④调查人员易作可信度评估，辨别其回答的真实程度。

缺点：①受调查人员的素质影响，调查质量很大程度上依赖于调查人员的沟通能力和访谈技巧；②统计汇总和数据处理较困难，需要专业分析人员进一步归纳和判断；③时间长、费用高，实地调研中深度访谈的样本量通常有限。

(2) 深度访谈的调研流程。①确定访谈对象和准备记录工具；②准备背景资料和询问提纲；③自我介绍并说明访谈目的；④控制和引导被访对象；⑤整理和统计分析。调研完成后调查人员要及时整理调查笔记，检视、补记遗漏的项目。完成调查后，通过统计分析找到需求，以便进行下一步工作。

(3) 深度访谈的操作技巧。注意访谈场所和仪表举止。尽可能选择比较和谐宁静的环境访谈。调查人员是公司形象的代表，在被访谈对象前应表现出良好的修养与个人素质。调查人员穿着应力求干净简朴，访谈时应目光温和，平视对方，不可盯视对方，或左顾右盼。语言表达要清晰、准确，提问简单明了，言谈友善谦和，耐心倾听并鼓励被访对象表述自己的观点。

2. 人员直接观察法

人员直接观察法是一种单向调查法，主要是由市场调查人员通过直接观察人们的行为，进行实地记录，从而获得所需资料，操作较为简便，但需要观察人员具有较强的洞察能力。人员直接观察根据其具体操作方式，可分为单向观察、行动跟踪等形式。

(1) 单向观察。单向观察是调查人员通过单向镜，了解特定场景下受众的言行和表情。其关键是必须始终使被调查对象处于无知觉的状态，以得到真实信息。

文创产品调研：观察受众使用文创产品和服务的过程。观察受众使用文创产品的习惯，在使用过程中会出现哪些痛点，从而找到文创产品改良创新的机会。

受众体验标准调研：观察受众的询问内容与顺序。调查人员用"蹲守"或角色扮演的方式，记录受众客群咨询哪些问题、询问这些问题的顺序等，从而分析出各种类型受众的产品体验。

（2）行动跟踪。调查人员在旅游景区和博物馆等地，可通过游客的行动路线获取游客的兴趣点，重点关注游客停留时的接触点，进行针对性的文创设计。

3. 问卷法

问卷法是定量研究的常用方法之一，是调查者向调查对象了解情况或征询意见的调查方法。问卷包含一系列开放式和封闭式的问题，分别要求被调查者选择判断和写出相应的答案。

问卷调查方法的关键技巧在于问卷的设计、调查对象的选择和环境控制三点。首先，问卷设计需要把握调查对象的心理特征，遵循一定的心理顺序，以防受访者感到不适。其次，了解调查对象对问卷语境的理解能力，调查对象选择是否准确、问卷的问题设置是否能够洞察调查对象的心理，调查人员应做好事前预判。最后，为适应不同受众和环境，应设置好问卷的层级和逻辑，从而得到不同层次人群的需求数据，避免调查对象过于单一。

问卷调查法的优势是成本低、数量大，能够较快地得到反馈。在互联网时代，在线问卷也提供了许多便利，受到的限制也会更少。

（四）实施调查计划

实施调查计划是一个系统性过程，涵盖了两大核心环节：一是文创市场数据资料的全面搜集；二是这些资料后续的精细加工、处理及深入分析。

1. 数据资料的搜集

该阶段要求文创团队的管理层保持高度警觉，持续监督调查进程，以避免任何偏离既定轨道的情况。具体而言，在运用观察法进行调研时，需严格监控调查人员，确保其不遗漏任何关键信息；采用询问法时，则需谨防调查人员的引导性提问或不实记录，同时建立有效机制应对调查对象可能的抗拒态度；在实验法调研中，精确控制实验条件至关重要，这是确保实验结果客观、可靠的基础。

2. 数据资料的加工处理与分析

该阶段是对初步搜集信息的深化与提炼。它要求对原始数据进行科学分类、综合与整理，以期达到去伪存真、精练信息的目的。在此过程中，维护信息的准确性与完整性是核心要务。经过这一系列处理后，数据便进入了分析阶段，数据分析旨在挖掘出深层次的调查结果。分析手段依据资料性质可分为定性与定量两种，而依据分析方式，则可细分为经验分析与数学分析。当前，随着数据分析技术的不断进步，越来越多的组织倾向于采用数学分析方法，对调查资料进行更精确的定量分析，以期在文创市场中获得更为深入的洞察与竞争优势。

(五) 撰写调查报告

在对文创市场调查资料分析处理的基础上，调查人员必须得出调查结论，并以调查报告的形式总结汇报文创市场调查结果。通过调查报告可以初步了解文创市场发展现状，从而提出设计策略和解决方案，调查报告对于决策人员、文创设计师、营销人员等都具有重要的参考价值。

第二节　文创产品受众行为和用户画像

一、文创产品受众行为分析

文创产品受众行为分析是文创产业营销策略的重要组成部分。通过深入研究受众的行为特征，企业可以更好地理解其购买动机、消费习惯及心理需求，进而优化产品设计与推广策略，提升市场竞争力。文创产品作为文化与创意的结合体，不仅在于满足受众的基本需求，还需承载其更高层次的文化认同与情感共鸣，因此对其受众行为的分析尤为重要。

(一) 文创产品受众行为的基本构成

在文创产品市场中，受众的购买行为表现出独特的多样性与复杂性。"随着受众消费心理的日趋成熟，满足受众各方面消费因素的文创产品才能让受众印象深刻，激起消费者的购买欲"①。受众的购买动机不仅限于物质层面的需求，而是更多地与心理、文化等因素相关。这种多维度的需求决定了文创产品市场的特征及其营销策略的设计方向。

1. 心理动机分析

文创产品的购买行为往往涉及个人的情感需求与文化认同。根据马斯洛的需求层次理论，文创产品的情感价值与其符号意义可以满足受众在社会认同、自尊和自我实现方面的需求。尤其是在个性化和情感溢价较高的文创产品中，这种心理动机尤为显著。

2. 文化认同与群体归属感

文创产品的购买行为常常受到文化因素的强烈影响。文创产品所承载的文化符

---

① 张博雅.影响受众在文创产品领域消费的因素分析研究[J].戏剧之家，2019(17)：143.

号与象征意义在很大程度上决定了其市场定位与目标受众。以博物馆或历史景区推出的文创产品为例,这类产品通常承载了特定的历史文化内涵,能够满足消费者的历史认同感以及对传统文化传承的需求。消费者通过购买和使用这些产品,不仅能够增强其对特定文化的认同感,还可以借此在社会中表达自己的文化归属感。

3. 社会影响与从众心理

在受众的购买决策过程中,社会因素同样扮演着重要角色。消费者的购买行为往往受到群体、社会地位和社会角色的影响。某些文创产品因为其独特的文化符号与象征意义,成为特定群体中的潮流趋势,从而形成了一种从众心理。社交媒体和口碑传播在这一过程中发挥了重要作用,消费者通过分享和展示自己的购买体验,进一步促进了文创产品的传播与销售。

(二)文创产品受众的购买决策过程

文创产品的购买决策过程与一般消费品不同,往往涉及更复杂的心理与文化因素,其决策过程可以分为多个关键阶段,每个阶段的决策行为均受到内外部多种因素的影响。

1. 信息收集与感知阶段

在文创产品的购买决策初期,消费者通常会通过各种渠道收集有关产品的信息。这一过程不仅仅依赖于传统的广告宣传,还受到社交媒体、口碑效应以及亲友推荐等影响。文创产品因其独特的文化背景与符号意义,往往需要通过丰富的叙事内容和视觉设计来增强消费者的感知体验。消费者在这一阶段会对产品的文化内涵、历史背景等进行感知和理解,从而形成初步的购买意向。

2. 评价与选择阶段

在获取了足够的信息后,消费者会对不同的文创产品进行比较与评价。此时,消费者的个性、文化背景以及社会群体的影响会显著影响其评价标准。文创产品的设计美学、文化符号与情感溢价在这一阶段尤为重要,消费者往往会倾向于选择那些能够与自身文化认同或情感需求相契合的产品。此外,产品的实用性、价格等因素也会在这一阶段成为消费者考虑的要素。

3. 购买决策与行为

在经过评价与选择后,消费者最终做出购买决策。在这一过程中,情感和文化认同起到了关键作用。消费者对文创产品的购买行为不仅仅是理性的经济交易,往往还包含了较强的情感动机。许多消费者在购买文创产品时,受文化情景、环境氛围及个性化服务的影响较大。例如,在博物馆或展览现场,消费者更容易因当时的情感共鸣而产生购买冲动。

4. 购后体验与反馈

消费者在购买文创产品后的体验与反馈同样重要,这直接影响到其未来的重复购买行为以及品牌忠诚度。在购后阶段，消费者会对产品的文化符号、情感价值以及实际使用体验进行评价。如果文创产品能够在文化认同与情感满足方面给消费者带来积极的体验，往往会形成较强的品牌依赖性和忠诚度。

(三) 文创产品受众行为的影响因素

文创产品的受众行为不仅受到个体心理因素的影响，还受到外部环境、社会文化等多方面的作用。了解这些影响因素，有助于企业制定更加精准的市场营销策略。

1. 个体特征的影响

消费者的个体特征，如年龄、职业、收入水平等，对文创产品的购买行为会产生重要影响。例如，年轻群体通常对时尚、创新的文创产品更感兴趣，而中老年群体则更关注具有传统文化底蕴的产品。此外，受众的职业特征也会对其购买行为产生影响，如文化工作者、艺术爱好者通常会对文创产品有较高的鉴赏能力，从而偏好高端、具有独特文化价值的产品。

2. 文化背景与价值观的影响

文化是影响文创产品消费行为的核心因素之一。不同文化背景下的消费者对文创产品的理解与认知各不相同。在文化多元化的背景下，消费者的价值观念与生活方式直接影响了其购买决策。文创企业需要根据不同文化背景的消费者需求，设计出能够满足其文化认同与情感需求的产品。

3. 社会阶层与群体影响

消费者的社会阶层、群体归属感以及社会角色同样会影响其对文创产品的购买行为。高社会阶层的消费者往往更倾向于购买具有艺术价值和收藏意义的高端文创产品，而中低阶层的消费者则更注重产品的实用性与性价比。企业应当根据不同社会阶层的需求差异，设计出多层次的文创产品组合，以满足不同消费群体的需求。

二、文创产品的用户画像

用户画像又称用户角色，作为一种勾画目标用户、联系用户诉求与设计方向的有效工具，用户画像在各领域得到了广泛的应用。用户画像是通过对目标用户群体进行深入分析与研究，形成的一个虚拟的用户模型。这一模型基于对用户行为、兴趣、社会属性、生活习惯等信息的详细分析，从而为文创产品的设计与推广提供方向性指导。用户画像不仅能够帮助企业深入了解用户的需求和偏好，还能够在产品开发和市场营销策略中起到至关重要的作用。以下从用户画像的构建原则、信息分类、标签化及其应用价值等方面展开探讨。

(一)文创产品用户画像的构建原则

在构建文创产品的用户画像时，必须遵循几个关键原则。首先是以真实数据为基础，这意味着用户画像要建立在经过充分调研与数据分析之上，而非凭空猜测或主观判断。真实的数据包括用户的性别、年龄、职业、收入水平、消费行为等各方面的信息，只有在此基础上，用户画像才能具备实际意义。其次，构建用户画像时应重视相关信息。对于文创产品的开发者来说，用户的某些信息虽然真实，但并不与产品需求高度相关。例如，用户的居住地和购买文创产品的关系可能并不紧密，因此可以在用户画像中淡化此类信息，而应将重心放在与文创消费直接相关的特征上，如兴趣爱好、文化背景、消费倾向等。最后，用户画像的构建应以定性数据为主，结合定量数据辅助分析。在文创领域，用户的购买决策往往受到情感因素、文化认同等影响，因此定性分析可以帮助捕捉到用户深层次的动机和需求。此外，定量数据如市场调研结果、购买频次等可以进一步验证定性分析的准确性，确保用户画像的真实性与可靠性。

(二)文创产品用户画像的信息分类

文创产品用户画像的信息大致可以分为以下几类：人口属性、信用属性、消费特征、兴趣爱好和社交属性。这五类信息涵盖了用户画像的主要维度，也构成了文创产品开发者在设计产品时必须考虑的核心因素。

第一，人口属性。这是最基础的信息，包括用户的年龄、性别、职业、收入水平等。不同的用户群体在文创产品的选择上往往表现出显著的差异。比如，年轻用户可能更青睐现代感、设计感强的文创产品，而中老年用户则可能更倾向于文化底蕴深厚、传统风格的产品。

第二，信用属性。信用属性包括用户的消费习惯、支付方式等，反映了用户在经济层面的行为特征。通过分析用户的信用信息，企业可以更好地了解用户的消费能力与偏好，从而制定相应的营销策略。

第三，消费特征。文创产品的消费特征包括用户的购买频次、购买渠道、购买动机等。消费特征能够直接反映用户对文创产品的需求强度，以及用户对不同产品类型的偏好。

第四，兴趣爱好。兴趣爱好是文创产品用户画像中至关重要的因素，文创产品本质上是一种情感和文化的表达，因此用户的兴趣爱好与文化偏好对产品的接受度有直接影响。比如，热爱中国传统文化的用户可能会对具有民族风情的文创产品产生兴趣，而喜爱现代艺术的用户则可能更加关注创新设计感强的产品。

第五，社交属性。文创产品在很大程度上具有社交属性，用户在购买文创产品时往往受到社交圈层的影响。通过分析用户的社交属性，可以发现他们所在的圈层对其消费行为的潜在影响，从而为产品推广找到合适的社交渠道。

(三)用户画像的标签化与应用

构建用户画像的核心工作是给用户贴"标签"，即通过对用户信息的深度分析，提炼出能够代表其个性特征的高度概括性的标签。标签化的用户画像有助于企业快速识别和分类用户群体，并制定针对性的产品策略。

在文创产品开发中，用户画像的标签可以是多维度的，如"文化艺术爱好者""环保主义者""传统文化继承者"等。每一个标签都代表了一类具有共性特征的用户群体，企业可以根据这些标签来设计符合用户需求的产品，并制定相应的推广策略。通过细分用户群体，企业不仅可以提高产品与用户的匹配度，还能够有效提升市场竞争力。

用户画像的另一个重要应用是"对位销售"。通过分析用户画像中的关键标签，企业可以在产品和服务的营销过程中，精确地将产品推送给目标用户。例如，针对热衷于文化遗产保护的用户，企业可以推出具有浓厚文化内涵的限量版文创产品，从而增强用户的购买欲望。此外，用户画像在私人定制和按需量产方面也具有重要意义。文创产品往往具有高度个性化的特点，因此通过分析用户画像，可以为用户提供定制化服务，满足用户的个性化需求。这种基于用户画像的服务设计，不仅提升了用户的满意度，也增强了用户的品牌忠诚度。

第三节 文化载体定位与头脑风暴方法

一、文创产品设计中的文化载体定位

在文创产品设计的过程中，文化载体的定位至关重要。文化载体不仅是文创产品的外在表现形式，更是文化内涵传达的桥梁。通过对文化载体的准确定位，设计师能够为产品赋予深厚的文化内涵，使其在竞争激烈的市场中脱颖而出。文化载体定位不仅是一个技术层面的任务，更是对文化理解与市场需求深度把握的结合，是将传统与现代、艺术与商业巧妙融合的过程。

(一)文化载体的多样性与定位的重要性

文化载体的选择涉及多方面的因素，包括历史背景、地域特征、文化象征和社会价值观等。文创产品设计不仅要考虑文化的内在价值，还要注重其外在形式的呈现。文化载体的定位直接影响到文创产品的市场接受度和文化传播效果。

例如，在设计基于中国传统文化的文创产品时，设计师需要对文化载体进行细致分析和选择。不同的文化载体，如陶瓷、丝绸、漆器等，代表着不同的文化符号

和价值体系。陶瓷作为中国文化的重要代表，常常承载着厚重的历史和工艺精髓；而丝绸则更多地象征着柔美、轻盈和高雅。在文创产品设计的过程中，如何将这些文化载体与现代设计语言相结合，并赋予其新的时代意义，是设计师面临的重要挑战。

(二)文化载体定位与市场需求的平衡

在文创产品的设计中，文化载体的定位不仅要考虑文化内涵，还要与市场需求相结合。仅依靠传统文化元素的堆砌，往往难以在现代市场中占据有利位置。因此，设计师在进行文化载体定位时，必须进行市场调研，了解消费者的偏好和需求。

市场需求的变化促使设计师在文化载体的选择上更加灵活和多样化。例如，现代消费者更加注重产品的实用性和美观性。因此，在设计过程中，设计师可以将传统的文化符号与现代的设计理念相结合，使文化载体在满足实用需求的同时，也能够传达深厚的文化底蕴。例如，将中国传统的龙凤图案与现代的极简设计风格相结合，可以吸引年轻消费者的注意，并使产品具有更强的市场竞争力。

(三)文化载体的创新与融合

文化载体定位的创新，要求设计师在尊重传统文化的基础上，加入现代设计元素，使其更加符合当代人的审美需求和生活方式。例如，在设计基于茶文化的文创产品时，设计师可以通过重新设计茶具的外观和功能，使其既保持传统茶文化的精神内核，又能满足现代人的使用习惯。在这样的创新过程中，文化载体不仅成为文化传承的工具，还成为文化创新的媒介。这种创新与融合的过程，往往需要设计师具备多元的文化视角和跨领域的知识背景。通过对不同文化载体的分析与理解，设计师能够创造出既具有传统文化内涵，又符合现代市场需求的创新性产品。例如，将中国传统的刺绣工艺与现代服装设计相结合，不仅能够展示传统技艺的精湛，还能满足消费者对时尚和个性化的需求。

(四)文化载体定位的动态过程

文创产品的设计定位并非一成不变，而是一个动态的、不断调整和优化的过程。在设计的不同阶段，文化载体的定位可能会随着市场反馈、技术发展和文化潮流的变化而发生调整。因此，设计师在进行文化载体定位时，必须保持灵活性和前瞻性。

在文创产品的开发过程中，设计师可以通过市场调研和用户反馈，不断调整和优化文化载体的定位。例如，在某些产品的早期设计阶段，设计师可能会选择较为传统的文化载体，如陶瓷或木雕。然而，随着产品进入市场后，设计师可能会发现消费者对这些传统文化载体的接受度并不如预期，此时就需要进行文化载体的调整，加入更多现代设计元素或选择更符合现代审美的文化符号。

二、文创产品设计中的头脑风暴方法

在文创产品设计中，头脑风暴法作为一种创造性思维工具，已成为推动创新设计过程中的重要手段。头脑风暴不仅可以激发参与者的创造性思维，还能通过集体讨论和互动，将个人的想法与他人交流、碰撞，进而产生更多有价值的创意。以下从头脑风暴方法的基本原则、具体实施流程，以及在文创产品设计中的实际应用等方面进行探讨。

(一) 头脑风暴法的基本原则

头脑风暴法强调在群体讨论中，通过自由畅想与开放性交流，激发创造力。这一方法的成功运用，需遵循一些基本的原则，具体如下：

1. **自由畅想原则**

文创产品设计中，设计师需要摆脱传统思维的束缚，追求新颖、独特的设计方向。通过大胆想象与思维发散，团队成员可以提出各类设想，而这些设想往往能够为最终的设计成果带来意想不到的启示。例如，在某些传统文化元素的现代转化设计中，自由畅想可以促使设计师从不同的文化维度和表现形式上进行多角度的探讨。

2. **延迟评判原则**

在头脑风暴的初期阶段，任何设想都不应被立即评判或否定。文创设计的创造性本质决定了初期想法往往并不成熟，但这种不成熟的设想是未来形成优质创意的基础。因此，在讨论过程中，应尽量避免打断或质疑其他参与者的发言，而是记录每一个想法，以备后期的筛选与整合。例如，在设计以地方特色为主题的文创产品时，延迟评判能够促使更多与地方文化相关的独特创意的产生，进而通过后续的整合与修改，形成具有实际市场价值的设计。

3. **数量优先原则**

头脑风暴的目标是激发尽可能多的设想，从而为后续筛选提供足够多的选择。根据相关研究显示，头脑风暴中设想的数量与最终创意的质量密切相关。因此，在有限的时间内，团队成员应尽可能多地提出设想，而不必在意设想的可行性或质量。只有在数量达到一定量级时，才能确保有足够多的高质量创意产生。比如在设计博物馆的文创衍生品时，数量优先原则有助于涵盖不同类型的游客需求，从而保证设计成果的多样性与创新性。

(二)头脑风暴法在文创产品设计中的实施流程

尽管头脑风暴法强调思维的发散与自由,但在实际应用中,尤其是文创产品设计领域,其实施仍需遵循一定的步骤与流程,以确保讨论的有序性与效率。

1. 热身与准备阶段

在开始头脑风暴之前,团队成员需要一个短暂的"热身"阶段,以调整思维状态。这一阶段的目标是让参与者从日常工作或生活的状态切换到专注、放松的创造性思维模式。可以通过一些小游戏、轻松的讨论或分享近期灵感等方式激发参与者的灵感。例如,在进行与古代文化相关的文创设计时,团队可以通过参观博物馆、欣赏传统艺术作品等方式,进行文化背景的感性体验,从而为接下来的设计讨论奠定基础。

2. 明确主题与分解问题阶段

在头脑风暴的正式开始阶段,团队需要确定一个明确的设计主题。对于文创产品设计,主题的选择通常围绕特定的文化元素、市场需求或目标用户群体展开。如果问题过于复杂或广泛,则可以将其分解为若干具体的子问题。例如,在设计城市旅游纪念品时,可以将问题分解为"设计风格""材料选择""功能性"等多个具体维度,逐一讨论。在此阶段,领导者的引导非常重要,领导者应以开放性问题引导团队成员进行多角度的思考,确保问题被充分讨论和解析。

3. 自由发散与畅想阶段

自由发散与畅想阶段是头脑风暴的核心阶段,团队成员围绕主题畅所欲言,提出尽可能多的设想。在此阶段,领导者应鼓励每一位参与者不受拘束地表达自己的想法,避免任何形式的负面评判。比如在设计传统节日相关的文创产品时,参与者可以从节日习俗、民间故事、历史背景等多个角度展开联想,提出丰富的设计思路。与此同时,成员之间可以基于他人的发言进行补充、完善与延展,从而产生更多的创意。

4. 综合与筛选阶段

在自由发散阶段结束后,团队需要对所有设想进行梳理和筛选。这个阶段的目标是将天马行空的想法逐步转化为可行的设计方案。首先,团队可以将所有设想按照相似性进行分类,并评估每一类设想的可行性与市场潜力。其次,经过多轮讨论和筛选,选择最具创造性和实际价值的设想进行进一步完善。在设计文创产品时,这一阶段通常需要结合市场调研和用户反馈,将初期设想与现实需求相结合,以确保设计成果具有实用性和商业化潜力。

(三)头脑风暴法在文创产品设计中的应用价值

文创产品设计作为一种兼具文化传承与商业开发的活动,要求设计师具备高度的创造力与市场敏感性。头脑风暴法通过集体智慧的激发和创意的碰撞，为设计师提供了一个高效的创新平台。通过多次头脑风暴的实施，设计团队不仅能够产生大量的创意，还可以通过对这些创意的整合与优化，形成具有市场竞争力的文创产品。例如，在非物质文化遗产的现代设计中，头脑风暴法能够帮助设计团队从传统工艺、文化背景和现代审美等多角度切入，从而设计出既具文化深度又富有现代感的产品。

第四节　文创产品设计的草图与效果图

一、文创产品设计的草图

(一)草图的具体形式

文创产品设计图在产品设计过程的各个阶段表现的方式是不一样的，根据在实际设计当中的草图表现，可分为概念草图、形态草图和结构草图三种形式。

(1)文创产品概念草图。文创产品概念草图是设计师对造型感觉的整体感知和最初思考方向，它是设计师表达概念想法的最简单的草图，是一种比较简化的图形表达方式。一般情况下，此类草图更在于概念形成过程中思维的完整体现，其内涵是通过草图形式展开创意思维，研究形态演变过程，进行产品形态的发想。此类草图只要自己能够理解就足够了，没有必要向他人传达。设计师在最初阶段思考多种造型设计的方向时，需要迅速捕捉头脑中潜意识的设计形态构思，无须过多考虑细节造型处理、色彩、结构、质感等。因此，在表现技法和材料的选择上没有特别要求，铅笔、圆珠笔、签字笔、马克笔均可。

(2)文创产品形态草图。所谓形态的草图描绘即是设计师用可视的绘画语言来粗略勾画，它是具体准确表达文创产品设计方案的草图。这种草图可以有局部的变化，以便选择理想的设计方案。形态草图可借助马克笔、水彩、色粉等工具表达。

(3)结构草图。其主要目的是找出结构与造型、结构与功能的内在联系，以至于更好地理解、分析产品结构。

(二)文创产品草图的表现

文创产品设计草图表现要求在较短的时间内表达一定的主题和内容，是对整体效果和感觉的记录，无须太多深入的细节刻画。草图表现是产品设计创意呈现的最重要的方式之一，最终目的是要将创意构思转化为落地的产品，在进行产品草图绘制时需要考虑其特殊的要求，如工艺、材料、功能、人机关系等，力求清晰地表现自己的设计想法，是一种较为理性的表现方式。因此，在产品设计表现中，不需要像绘画那样追求所谓的错落有致，如飞笔、顿笔或颤笔等的表现符号，但行笔要有光滑流畅感，展现出产品的形态、肌理、材质效果等。

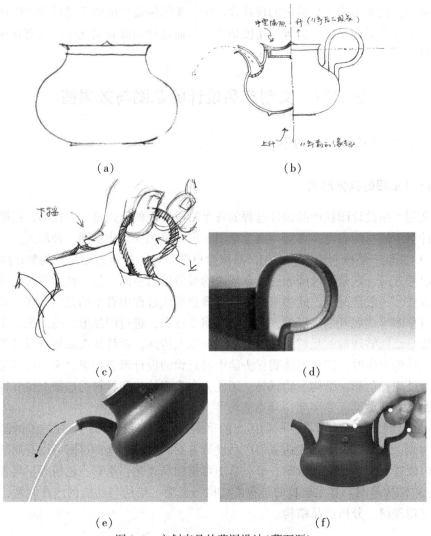

（a）   （b）

（c）   （d）

（e）   （f）

图 2.1　文创产品的草图设计（蔡万涯）

二、文创产品设计的效果图

（一）文创产品工程制图

在文创产品实际设计过程中，文创产品设计被分为截然不同的两种程序。一种是工业设计师根据结构工程师设计的产品内部机芯的原理结构图及零部件，合理地安排产品各部件之间的关系，由产品内部出发进行设计；另一种是由产品设计师首先完成产品的形态设计，然后再由结构工程师依据产品的外观造型来设计内部结构，这是一种由产品外部出发进行的设计，这种程序多用于内部结构原理简单的产品。设计师必须了解基本的工程技术语言，了解制图的基本知识，掌握制图的基本技能，了解制图的国家标准和规范，并且能够准确识别和读取制图信息等。

在文创产品工程制图中，通常较为简单的产品设计制图是指产品的三面投影图，也叫三视图——主视图、俯视图、侧视图。

设计制图是产品设计师创意表达的最后阶段，它联系设计与生产，是把二维设计具体化的必要手段，它为工程结构设计、外观造型加工提供了数据支持，是设计表达不可逾越的阶段。另外，产品工程图也是产品设计表达视觉语言的主要构成，是产品设计师和结构工程师的交流语言。

(二)文创产品建模效果图

在当今文创产品设计的过程中，效果图的建模与渲染成为至关重要的环节。文创产品效果图不仅仅是设计理念的具象表达，更是产品最终呈现的关键步骤。通过严谨的建模、精细的渲染以及细致的效果图处理，设计师能够有效地将创意转化为可视化的现实，从而为产品的实际制作奠定坚实的基础。

(1)计算机建模是将平面设计转化为立体表达的核心环节。与传统手绘草图相比，计算机建模能够提供更为准确和详细的立体视觉效果。这一过程不仅涉及产品形态的构建，还包括尺寸和比例的调整。在草图阶段，由于缺乏精确的尺度和详细的视角，设计师往往难以全面把握产品的细节。然而，借助计算机辅助设计(CAD)软件，设计师可以在建模过程中对尺寸进行精确控制，对设计方案进行反复调整，确保产品的合理性与完整性。特别是对于文创产品这种注重细节的设计类型，建模过程中对细节的处理尤为重要。例如，边缘的小倒角、壳体之间的装饰缝隙以及小图标的设计，都能够通过建模过程加以完善，从而使产品更具真实性和吸引力。

(2)渲染是文创产品设计中的关键步骤，其效果直接影响到产品的视觉冲击力和商业展示效果。常有"三分设计，七分渲染"的说法，这种说法虽然存在偏颇，但确实反映了渲染在最终效果中的重要性。文创产品的渲染不仅仅是展示产品外观的手段，更是传递设计师创意和产品价值的重要方式。渲染过程中，光影、材质和配色三个要素的把控至关重要。光影效果能够展现产品的细节，增强立体感；材质的表现则直接影响到产品的质感；而配色则决定了产品的层次感和视觉吸引力。渲染过程往往需要设计师进行反复调整和尝试，以确保最终效果能够最大程度地呈现设计的真实意图，并使产品看起来如同真实存在。

（3）效果图的处理是对渲染效果的进一步补充和完善。尽管渲染能够提供较为完整的视觉效果，但由于其局限性，仍需通过后期处理来弥补不足。效果图处理通常使用图像处理软件（如 Photoshop）进行细节优化，如增添品牌标志、优化纹理效果等。这一步骤不仅提升了产品的视觉效果，还能够确保产品在商业推广中的专业性和吸引力。

第五节　平面作品打样与产品模型制作

一、平面作品打样

平面作品的打样是印刷生产过程中至关重要的环节，它不仅是确保产品质量的必要手段，也是检验和修正设计效果的关键措施。特别是在平面作品涉及复杂的设计和多样的工艺要求时，打样环节的重要性愈加凸显。打样能够有效预见和解决实际生产中的潜在问题，从而避免在批量生产过程中出现重大质量缺陷，确保最终产品能够忠实再现设计意图。以下探讨平面作品打样的流程及质量要求，并分析其在产品质量控制中的重要作用。

（一）平面作品打样的流程

平面作品的打样过程一般包括小样、大样、末稿和样本四个阶段。每个阶段都在不同程度上反映了设计的细节，并为最终生产提供了重要依据。

1. 小样阶段

小样是平面设计师用来展示布局方式的大致效果图。在这一阶段，设计师通过简化的图示来预估作品的基本效果。小样通常省略了细节，只展示出布局的整体安排。直线或水波纹标示出正文的位置，方框则代表图形的位置。此阶段的主要目的是通过直观的图示帮助设计师和客户初步确定版式安排和设计方向，为后续的详细打样奠定基础。

2. 大样阶段

在大样阶段，设计师会将平面作品的实际尺寸绘制出来，并提出最终的标题、副标题、插图及照片的排版方式。此阶段的作品接近成品效果，设计师可以通过大样进一步预估成品的实际效果，并与客户及印刷专业人员进行详细沟通和调整。这一阶段的主要目标是确保设计方案能够在实际生产中顺利实现，并得到各方认可。

3. 末稿阶段

末稿阶段是打样过程中的关键环节，末稿的细节几乎与成品一致。此阶段包括彩色照片、确定的字体风格和大小，以及所有小图像的最终排版。设计师需要在这一阶段对所有设计元素进行最终确认，并进行必要的局部微调。这一阶段的重点在于确保设计的每一个细节都得到精确落实，为最终的生产提供准确的参考。

4. 样本阶段

样本阶段是打样流程中的最终阶段，样本基本上反映了成品的实际效果。设计师会利用彩色记号笔和电脑清样，将样本打印在硬纸上，然后按实际尺寸进行剪裁和折叠。样本的制作不仅检验了设计的实际效果，还为印刷生产提供了重要的实物参考。此阶段的质量直接影响到批量生产时的最终效果，因此对样本的制作质量要求极高。

(二) 平面作品打样的质量要求

平面作品打样的质量直接关系到最终产品的品质，因此在打样过程中必须严格把控质量要求。以下分析打样质量的两个核心要求。

1. 符合印刷条件的样张

打样的样张或样品必须是在所确定的印刷条件下生产的。如果样张的印刷条件与实际生产条件不符，即使样张质量再高，也无法确保最终印刷品的效果与之相符。为了保证打样结果的可靠性，必须在与生产条件一致的条件下制作样张，这样才能真实反映出生产中可能出现的问题，并进行相应的调整。

2. 样品质量的高标准

在确定生产条件可以生产的前提下，样品的质量应达到高标准。样品将作为印刷生产的依据，如果样品本身质量低劣，那么以此为标准生产的印刷品必然会出现质量问题。因此，设计师在制作样品时必须严格把控质量，以确保样品的质量可以真实反映成品的效果。高品质的样品不仅能够为生产提供准确的标准，还能够有效避免因样品质量问题引发的生产质量隐患。

二、产品模型制作

模型是所研究的系统、过程、事物或概念的一种表达形式，这里指根据实验、图样比例而制作的产品样品。由于模具开模的费用一般较高，需要投入较大成本，具有比较大的风险性，所以在多数情况下首先会选择模型制作，通过评估后再进行模具开模。相对模具而言，模型制作具有成本低、加工快等特点，同样可以对产品的造型进行反复推敲和检验，应用较为广泛。

(一) 产品模型制作的主要作用

设计是一个创造性的思维过程，是一个并不能完全呈现客观的过程。虽然随着技术的进步，我们可以通过计算机效果图很好地展现三维效果，但并不能有真实的感知。模型是设计师表达自己设计想法的手段之一，设计师也可以通过模型去推敲产品的细节、完善方案以及评价产品的综合效果等。在方案评估环节，模型展示通常是比较直观有效的形式，是开发新产品不可或缺的环节。总体而言，模型在产品设计中的主要作用有以下三点：

（1）设计实验探索、完善设计方案。通过模型对产品的形状、结构、尺寸等多维度进行综合评价分析，发现设计中所存在的不足，从而完善产品。

（2）方案展示、交流探讨。通过模型能够较好地展示产品，在与非专业设计的委托方沟通时将更为便利。通过模型模拟展示设计内容，是一种比较好的设计表现与沟通方法。

（3）降低验证成果的成本。在产品的研发过程中，模具的开发成本高昂，前期不能够反复推敲，一旦产品出现问题，将耗费较大的成本。利用模型能够以低成本去评估验证设计，并能够不断完善产品。

（二）产品模型的类别划分

1. 按照功能进行分类

根据产品在设计中发挥的作用，可将产品的模型分为草模、展示模型、手板样机三种类型。

（1）草模。草模是初步简易的模型，也称为粗模，这种模型是设计师在初期阶段的设想构思，是一种非正式的模型。草模和概念草图一样，是设计师对造型感觉的整体感知和最初思考方向，通过草模可以对设计进行推敲和修改完善，为进一步进行细节探讨和设计等奠定基础。

（2）展示模型。展示模型是展示设计效果的模型，也叫表现性模型，一般需要表达出产品的真实形态，展现设计师的设计意图。这类模型通常采取模拟真实材料的质感和效果来完成，但模型制作材料一般和实际材料有所不同，塑料材质较为多见。由于真实产品的制作成本往往较高，此类模型仿真效果较好，因而其常被用作设计展示交流和设计效果验证评估。

（3）手板样机。手板样机是一种综合的实验模型，是工业设计领域应用比较普遍的检验设计成果的方法。手板样机是产品量产之前，通过手工和加工设备辅助结合完成的模型，一般来说，手板样机完全符合产品的生产技术和工艺要求。通过手板样机能够检验产品的外观和结构的合理性，以展览等方式得到市场用户的反馈，可以降低直接开模的风险性。

2. 按照材料进行分类

在模型制作过程中，根据产品所需表现的特性选择模型制作材料尤为重要。常见的制作模型类型有纸模型、石膏模型、泥模型、木材模型、综合材料模型等。

（1）纸模型。纸质材料具有比较强的可塑性，可用折、叠、刻等多种方式进行加工。同时，纸质材料的种类也比较多，如瓦楞纸、铜版纸、白卡纸等不同厚度和肌理的纸张，通常用于包装、灯具等产品的模型制作。

（2）石膏模型。石膏材料成本低，质地较为细腻，且具有一定的硬度，有良好的成型性能。石膏的另一个特点是可以进行细节雕刻，并能够长期存留。石膏模型的常见成型方法有雕刻、旋转和翻制等，具体成型方式应根据所需的模型形态而定。

（3）泥模型。泥材料根据其组成分为水性黏土和油性黏土，采用水性黏土材料制作的模型称为黏土模型，采用油性黏土材料制作的模型称为油泥模型。泥料具有可塑性、富有弹性、表面柔韧等特点，手可用作塑造的工具，对泥土形状进行改变，也可以通过堆积、黏结等方式塑造形体。

（4）木材模型。木材质量轻、色泽和纹路自然，易于加工成型和涂饰。对木材通过刨切等方式，可以保留木材本身的质感和美感，较珍贵的木材可用于做首饰等产品。

（5）综合材料模型。综合材料模型指根据产品的造型以及材质的特性选择合适的材料，将多种材质的塑形特点进行结合，避免使用材料的局限性。

第六节　创新融合下的文创产品设计流程

在当今全球经济和文化产业蓬勃发展的背景下，文创产品作为一种集文化、创意、设计于一体的新型产品，其设计流程的创新融合显得尤为重要。以下从文创产品设计流程的创新需求、融合方法及实际应用三个方面进行探讨，以期揭示在创新融合背景下文创产品设计的演变及其未来发展方向。

一、文创产品设计流程的创新需求

文创产品设计流程的创新需求主要体现在以下方面：市场需求的多样化、文化价值的重新定义以及技术手段的不断进步。首先，随着消费者对个性化和文化内涵的追求日益增强，传统的文创产品设计已难以满足市场的多样化需求。因此，设计流程必须在满足基本功能的同时，融入更多的文化元素和创新理念，以提升产品的独特性和吸引力。其次，文化价值的重新定义促使设计师必须对传统文化进行深度挖掘和现代解读。设计师不仅要理解文化的历史背景，还需将其与现代审美、使用功能相结合，实现文化与商业的有效融合。这要求设计流程不仅关注设计的形式美，更需关注文化内涵的传递和情感的共鸣。最后，技术手段的进步为文创产品设计提供了新的可能性。数字化设计工具、3D 打印技术以及 VR 技术的应用，使得设计师能够在更短的时间内实现复杂的设计构思，并进行实时的修改和优化。这一方面提高了设计效率，另一方面也使得产品设计更加符合个性化和定制化的需求。

二、文创产品设计流程的融合方法

在创新融合的背景下，文创产品设计流程的融合方法主要包括设计理念的跨界融合、设计工具的多元化应用以及设计团队的协作创新。

设计理念的跨界融合是指将不同领域的设计理念和创意融入文创产品设计。例如，将传统工艺与现代设计理念结合，或将科技元素融入文化产品设计，能够创造出具有时代感和文化深度的产品。

设计工具的多元化应用则包括了从传统的手工设计到现代的数字化设计工具的全面运用。设计师可以利用 CAD、VR、AR 等技术，进行产品的可视化和模拟，从而实现更加精确和富有创意的设计方案。此外，通过与消费者进行互动，获取实时反馈，能够更好地调整设计方向，提升设计的市场适应性。

设计团队的协作创新强调跨学科、跨领域的合作。文创产品的设计往往涉及文化研究、艺术创作、市场分析、技术开发等多个领域，单一的设计师难以完成全方位的设计任务。因此，建立一个多元化的设计团队，发挥团队成员各自的专业特长，能够在设计过程中实现创新思维的碰撞和知识的共享，从而推动设计流程的整体提升。

三、文创产品设计流程的实际应用

在实际应用中，创新融合下的文创产品设计流程已经在许多主题领域取得了显著成果。例如，在城市文创产品设计中，设计师通过对地方文化的深入研究，将地方特色与现代设计元素相结合，创造出了具有地方文化标识的文创产品。这些产品不仅满足了市场对文化体验的需求，也有效提升了地方品牌的知名度。

此外，在数字文创产品设计方面，技术手段的应用使得产品的设计和生产更加高效。通过虚拟现实技术，设计师可以创建出虚拟的产品模型进行展示和测试，从而在产品正式生产前进行优化和调整。这种方法不仅节省了成本，还缩短了产品的上市时间。

总而言之，创新融合下的文创产品设计流程，要求设计师在充分了解市场需求、把握文化内涵的基础上，运用多种设计工具和技术，进行跨界合作和团队创新。这种设计流程的优化和提升，不仅能够满足市场对文创产品的多样化需求，也推动了文化与商业的深度融合，促进了文创产业的持续发展。

第三章　文创产品与用户体验理念的 创新融合设计

第一节　体验理论下的文创产品设计创新

一、基于用户体验的文创产品设计特点

基于用户体验的文创产品设计具有鲜明的特点，能够在市场中脱颖而出，吸引用户的注意并满足其多层次的需求。这类设计不仅关注产品的功能性，更注重产品如何与用户进行互动，如何在使用过程中为用户带来愉悦感和情感共鸣。从用户体验的角度来看，文创产品设计的特点可以从以下几个方面进行探讨：

(一)独特的感官体验

"独特的感官体验可以给用户留下独特的第一印象，可以更好地激发用户的购买欲望。"①这类文创产品的设计注重产品的形状或质感，强调产品的第一印象。例如，苹果公司推出的 AirPods 不仅仅是耳机，更是精致简约设计的代表。其光滑的外观、细腻的触感、简洁的功能按键布局，都让用户在使用时获得了极佳的触觉和视觉体验。而其白色简洁的设计风格，不仅赋予了产品高科技感和时尚感，还与其品牌理念相一致，进一步提升了用户的感官体验。用户在购买并使用这款耳机时，能够感受到产品与自身生活方式的契合，从而在潜意识中强化了对品牌的忠诚度。这种独特的感官体验，不仅为用户提供了审美上的享受，更通过品牌价值与设计理念的融合，使产品成为用户生活中不可或缺的一部分。

(二)有趣的体验创造

有趣的用户体验可以极大地提升产品的吸引力，尤其是文创产品。设计的趣味性往往能够打破传统的功能性限制，激发用户的好奇心和探索欲望，增强用户与产品之间的互动性。通过巧妙的设计，产品可以在使用过程中不断给予用户惊喜和乐

① 刘林.基于用户体验的文创产品设计[M].长春：吉林大学出版社，2022：85.

趣，从而延长用户对产品的兴趣和黏性。例如，乐高（LEGO）的积木系列不仅是普通的玩具，更是一种创造性游戏体验的载体。用户通过拼接积木，可以构建出各种各样的建筑、角色和场景，每一次拼搭都是一次新的体验。乐高的设计不仅仅局限于外观的变化，更强调了产品使用过程中的乐趣和成就感。每个用户通过自主拼搭，都能体验到不同的构建乐趣，同时激发了他们的创造力和思考能力。这种充满趣味和挑战的设计理念，使乐高积木成为全球范围内的经典文化创意产品，深受各个年龄段用户的喜爱。

（三）记忆与情感体验的激发

文创产品设计中的情感体验往往通过激发用户的回忆和情感共鸣来实现，这不仅仅是一种感官上的刺激，更是一种深层次的心理体验。例如，哈利·波特主题的周边产品便很好地契合了这一特征。许多爱好者通过购买与小说或电影中的角色、场景相关的文创产品，找回了自己童年时对该故事的美好回忆。霍格沃茨魔法学校的围巾、魔杖复制品等，都成为用户情感寄托的载体。这些产品不仅满足了用户的物质需求，更通过产品背后的故事情节，唤醒了他们对魔法世界的向往和怀念之情，从而形成了深厚的品牌情感依赖。这种记忆与情感体验的激发，是文化创意产品设计成功的关键之一。

（四）多维度用户体验的融合

文创产品设计中的用户体验往往是多维度的，优秀的设计能够将感官体验、趣味性和情感共鸣等多种体验巧妙融合，形成全方位的用户体验。这种融合不仅增强了产品的独特性，还能够提高用户的使用满意度，使产品更具竞争力。以宜家的家居产品为例，宜家通过极简设计、亲民的价格和优质的用户体验，打造了一系列符合不同用户需求的家居用品。这些产品不仅在视觉和触觉上给用户带来了舒适感，同时也注重了使用过程中的便捷性和实用性。宜家设计了模块化的家具，用户可以根据自己的需求进行灵活组合，这种趣味性体验使得用户在使用过程中不断发现新的可能。此外，宜家的设计还通过简约、自然的风格，唤醒了人们对简单生活的向往和对家庭温暖的渴望，进一步强化了产品的情感体验。

二、基于用户体验的文创产品设计

（一）基于用户体验的文创产品设计方法

在当代设计领域，文创产品不仅仅追求实用性和功能性，还强调如何通过设计满足用户的深层次需求，激发情感共鸣与文化认同。如前所述，设计师在设计文创产品时，越来越注重用户体验的全方位构建，包括本能体验、行为体验和反射层体验三个层次。这种基于用户体验的设计方法，能有效提升产品的市场竞争力，并赋予产品独特的文化内涵。

1. 本能体验设计方法：感官刺激与情感共鸣

本能体验是设计的基础，它主要通过视觉、听觉、触觉等感官刺激，直接影响用户的第一印象。这一层次的体验设计，特别适用于文创产品，因为这些产品往往与传统文化、艺术元素密切相关，能够通过色彩、材质、造型等直观地吸引用户，并激发其情感共鸣。

在文创产品设计中，如何有效传递文化符号并激发用户的情感联结是本能体验设计的核心。例如，许多设计师会从传统手工艺、民族纹样、历史遗迹等文化元素中汲取灵感，将这些元素以现代的方式融入产品外观。如某些具有中国特色的纪念品，通过青花瓷的纹样设计茶具、书签等小物件，这种设计不仅可以唤起用户对中国传统文化的喜爱，还能通过美感与质感的结合，提升产品的文化品位和用户的心理愉悦感。

此外，本能体验还需要注重材质的选择。材质不仅影响产品的外观，也直接影响用户的触感体验。在文创产品的设计中，材料的选择应结合文化背景和产品的主题。例如，使用竹子、木材等自然材质可以传递出生态友好、亲近自然的理念，符合当代消费者对环保和可持续发展的追求。

2. 行为体验设计方法：交互优化与文化传承

行为体验是用户体验的核心部分，强调产品在使用过程中的交互体验。文创产品的设计不仅需要注重其功能性，更需要通过行为层体验，建立用户与产品之间的深层次互动，使用户在使用过程中获得愉悦感和满足感。

行为体验的优化通常通过细致的交互设计来实现，设计师需要从用户的行为习惯出发，确保产品的使用过程简单、顺畅，并在细节中融入文化元素。例如，一款设计巧妙的手工艺品，不仅需要在外观上展现出传统文化的韵味，更需要在用户的每一次触碰、使用中，强化文化的存在感。以一款传统工艺的音乐盒为例，用户在旋转音乐盒的过程中，不仅能听到悠扬的旋律，还能通过雕刻的工艺品细节，感受到传统文化的魅力。这种多维度的感知体验，增强了用户对产品的依赖性和喜爱度。

此外，行为体验的设计还应注重用户与文化的互动。通过产品设计，让用户在使用产品时，能够亲身参与文化传承的过程中。例如，一款带有中国传统剪纸艺术元素的互动游戏，用户不仅可以通过操作体验剪纸的制作过程，还能通过游戏的引导，深入了解剪纸背后的文化意义。这样的设计让用户在娱乐的同时，潜移默化地接受了文化的熏陶，达到了文创产品的设计初衷。

3. 反射层体验设计方法：文化联想与自我表达

反射层体验是用户体验的高级阶段，强调用户在使用产品后的深层次思考和文化联想。在文创产品的设计中，反射层体验尤其重要，因为文化本身就是一种需要反思、联想和传承的载体。

反射层体验的设计，首先要求设计师深入理解目标用户群体的文化背景和价值观念，并通过产品的设计引导用户进行自我表达和文化认同。例如，一款精心设计的书法工具，不仅能让用户体验到书法的乐趣，还能通过产品的文化象征，唤起用户对中国传统文化的敬仰和传承欲望。用户在使用这些工具时，不仅是在进行书写，更是在与传统文化对话，完成了一次文化的认同和自我表达。

另外，反射层体验的设计还可以通过产品的情感联结，引发用户对特定文化符号的回忆和联想。以故宫文创产品为例，许多设计师通过故宫文物的造型、色彩和意象，创作出一系列纪念品，如丝巾、手账本等。这些产品不仅美观实用，还能激发用户的文化联想，让用户在使用产品的过程中，不断回溯历史，并在潜移默化中增强对传统文化的认同感。

(二)基于用户体验的文创产品设计原则

1. 深化文化主题的沉浸感

深化文化主题，旨在通过设计手法将文化精髓内化为产品的灵魂，从而激发用户的情感共鸣。此原则首要关注的是如何在文创产品的初创阶段便确立鲜明的文化标识，这一过程不仅关乎品牌知名度的累积，更是构建产品独特设计语义的关键。文化主题作为连接产品与消费者的桥梁，对其的强化有助于在用户心中树立起清晰而深刻的文化形象，提升品牌忠诚度。强化文化主题的策略包括：一是通过符号化、故事化的设计语言，将抽象文化具象化，便于用户感知与记忆；二是构建一套连贯的设计哲学，确保产品系列间的内在逻辑与外在表现相统一，增强产品的识别度与延续性；三是通过精细化设计，使文化主题在产品功能、形态、材质等方面得以体现，实现文化价值与使用价值的和谐共生。

2. 提升文化意识的共鸣力

提升文化意识的核心在于促进文化认知的高效传递与深度共鸣。这要求设计师在设计过程中，既要注重文化符号的精准提取与巧妙运用，确保文化信息能够被准确识别，又要关注文化情感的深度挖掘与表达，以触动用户内心深处的文化认同感。提升文化意识的有效性包含两个层面：一是语义识别的有效性，即通过精炼的设计语言，实现文化符号的标准化与差异化并存，既保持品牌文化的连贯性，又突出产品个性，增强市场竞争力；二是文化传播的有效性，利用社交媒体、线上线下活动等多元渠道，构建开放的传播网络，促进文化价值的广泛传播与深度交流，加深用户对文创产品文化内涵的理解与认同。

3. 构建多元化文化体验的交互性

在全球化与信息化的时代背景下，构建多元化的文化体验成为文创产品设计不可或缺的环节。这一原则强调，设计应顺应社会文化多样性的趋势，通过跨界融合、情景模拟、互动参与等多种手段，为用户提供丰富多样的文化探索与体验空间。多元化文化体验的构建，不仅能够拓宽用户的文化视野，增进用户对不同文化的理解与尊重，还能有效降低文化传播的壁垒。设计师需关注以下几点：一是深入挖掘不同文化的独特魅力，通过创新设计手法实现文化的跨界融合，创造出既新颖又富有深度的文创产品；二是利用现代科技手段，如虚拟现实、增强现实等，打造沉浸式文化体验场景，增强用户的体验感；三是注重用户反馈与参与，通过用户共创、定制化服务等模式，让用户在享受文化体验的同时，也成为文化创造的参与者与传播者。

第二节　多感官体验理念下的传统手工文创产品设计

一、多感官体验及其设计原则

感觉体验是指个体通过感觉外界刺激的器官，包括眼、耳、鼻、舌、身等，接受外界刺激的过程。多感官体验是两个或两个以上的感觉器官共同作用获得生理和心理感受的过程。多种感官的协同作用，可以有效帮助个体强化认知，激发情绪，从而获得精神体验和满足感。

(一)感官体验的认知原则

感官体验的认知原则是个体在认知外界世界过程中不可或缺的理论基础，贯穿于感觉、知觉与记忆的整个认知过程。个体的认知活动首先依赖于感官系统对外界刺激的反应，通过这种直接的体验来获取外部世界的信息。然而，感官体验并非孤立的，它需要通过一系列复杂的神经机制及认知加工过程，才能够转化为我们对外界事物的全面理解和感知。

1. 感觉的直接性与客观性

感觉是个体通过视觉、听觉、触觉、嗅觉等感官对外界刺激的最基本反应。它反映了外界刺激的客观特性，例如色彩、气味、质地、声音等。在这个阶段，感官的工作是纯粹的物理和生物过程，刺激通过感觉器官被转化为神经信号，传递到大脑的相应区域。这一过程中具有直接性，因为个体并不对这些初始信号进行复杂的思考或分析，而是单纯地对刺激作出反应。正如看到红旗时所体验到的红色，或触碰柔软物体时感知到的柔软感，这些感受是无意识的、即时的，直接体现了外界事物的基本属性。

2. 知觉的整合性

知觉是建立在感觉之上的认知过程，是对感觉信息的组织、整合和解释。个体并非仅仅停留在对单一感官信息的被动接受上，而是通过大脑的综合加工，将多种感觉信息加以联系与分析，从而形成对外界事物的整体性认知。比如，个体在看到红旗的同时，可能还会听到随风飘扬的声音，感知到风的存在。这种对多种感官刺激的整合使得个体能够超越对单一属性的感知，进入对事物整体性、关系性认知的阶段。因此，知觉不仅依赖于当前的感觉信息，还受制于个体的经验、知识背景和当前的环境。

3. 经验的调节作用

知觉并非一个完全自动化的过程，它很大程度上依赖于个体的知识经验和认知模式。对于同一外界刺激，不同个体可能会产生不同的知觉体验，这是因为个体对感官信息的解读受到其过往经验的影响。例如，看到同样的红旗，一位经历过战争的老兵可能会联想到战斗的场景，而一位普通人可能只会联想到节日或庆典的氛围。个体的经验在知觉过程中发挥了重要的调节作用，它决定了个体如何整合和解释感觉信息。这一原则强调了感官体验的主观性，即使面对相同的外界刺激，不同个体的感知结果可能有所不同。

4. 记忆的再现性

个体对外界事物的认知并不止步于瞬时的感知体验，这些感知往往通过神经活动存储在大脑中，形成记忆。当类似的外界刺激再次出现时，个体可以通过记忆将当前的感觉信息与过去的经验相联系，从而产生更为深入的认知。例如，当个体再次看到一面红旗时，他不仅会再次感知到其颜色、形状，还可能会回想起之前看见红旗的情境。这种记忆的再现性使得感官体验超越了当下的瞬时性，成为一种能够反复调用和加工的认知资源。

5. 注意力在感官信息处理中具有选择性

由于个体无法同时处理所有的感觉信息，注意力的分配使得个体能够选择性地聚焦于某些特定的感官刺激。这一原则说明，个体的感官体验是有选择性的，并非所有外界的感官信息都会被认知系统处理。在现实生活中，个体往往会忽略掉大量不相关的信息，而将注意力集中在对当前任务或环境最为重要的刺激上。例如，在嘈杂的环境中，个体会集中注意力去听取对话中的重要信息，而忽略背景噪声。这一选择性机制确保了认知资源的高效利用，同时也体现了感官体验的主动性与个体性。

（二）多感官体验的表达

在当代设计领域，多感官体验的概念日益受到重视。感官体验不仅仅局限于单一感官的刺激，而是多种感官协同作用的结果，形成对产品的全面认知。在这一过程中，视觉、听觉、嗅觉、味觉和触觉相互交织，共同构建了一个复杂且多维的感知系统，使用户能够从多个角度体验产品。因此，理解和运用多感官体验对于提升设计的用户体验、情感共鸣以及品牌价值至关重要。

1. 视觉体验的核心作用

视觉作为人类最主要的感官，承担了多感官体验中最显著的部分。在产品设计中，视觉元素往往被视为吸引消费者注意的关键。视觉不仅包括产品的颜色、形状、材质，还延伸到产品与环境的整体协调性。设计师在运用视觉语言时，注重色彩的心理效应。例如，不同颜色会对人们的情绪和心理产生不同的影响：蓝色带来冷静、安宁的感觉，而红色则常与热情、活力和危险相联系。这种色彩的感知，往往源于人们的生活经验和文化背景的差异，使得色彩设计不仅是感知的反映，也是一种情感符号的象征。

此外，产品的形状和材质也直接影响消费者的视觉体验。不同的造型语言传递不同的信息，例如流线型的设计传递出动态感和未来感，而直角形的设计则赋予产品一种刚硬和稳重的特质。在材质的选择上，光滑的金属和温暖的木质材质会带来不同的感官联想，这种材质差异通过视觉传递，使消费者在远未接触产品时，便已形成初步的感知与预期。因此，视觉体验不仅仅是一种简单的观察过程，同时也是对产品功能、情感内涵和文化象征的感知建构。

2. 听觉的情境塑造与氛围营造

听觉作为视觉的重要补充，在多感官体验中扮演着关键角色。听觉不仅可以补充视觉在信息传递上的局限，还能够通过声音传达更多情感。例如，在影视作品中，背景音乐、环境声效和对白的配合可以深刻影响观众对情节的理解与情感的共鸣。同样，在产品设计中，声音也能够增强产品的互动性和记忆点。一个典型的例子是电子设备中的交互音效，如手机解锁时的提示音或电动汽车发动时的电子声效，这些听觉元素能够强化用户的品牌印象，提升使用体验。

声音的感知不仅限于机械设备，在自然环境和室内设计中，声音也同样重要。环境音效的设计可以极大地提升空间的氛围，增加用户的沉浸感。例如在公共空间设计中，轻柔的背景音乐或流水声能够营造一种放松、宁静的氛围，而这些声音的运用往往与空间的视觉设计形成互补，进一步强化了用户的整体感官体验。

3. 嗅觉与味觉的情感共鸣

相较于视觉和听觉，嗅觉和味觉往往被忽视。然而，嗅觉与味觉的感知是多感官体验中最具情感影响力的部分。嗅觉不仅能够触发记忆，还能引发强烈的情感反应。研究表明，气味可以直接影响人的情绪和行为，这也解释了为何一些品牌通过特殊的香味营造品牌识别度和情感共鸣。在餐饮行业，气味的设计几乎决定了顾客的第一印象和消费决策。例如，咖啡店中浓郁的咖啡香气往往是顾客停留和消费的直接诱因。

味觉与嗅觉的结合更加复杂。食品设计中的味觉体验不仅依赖于材料本身的口感，还受到视觉和嗅觉的共同影响。例如，食品的色彩设计往往通过视觉诱发味觉联想，使得消费者在尚未品尝时就对食品的味道产生期待。视觉、嗅觉和味觉之间的这种联动效应，展示了多感官体验的协同作用。

4. 触觉的深层次互动

触觉是与身体直接互动的感官体验，它为用户提供了最真实的物理感受。在产品设计中，触觉体验通过材质、表面纹理、温度等因素传递信息。触觉不仅是对物体外观的感知，更是对物体性能的直接体验。例如，产品的柔软度、硬度以及表面光滑度，都可以通过触觉直接感知，这使得触觉成为多感官体验中至关重要的环节。

触觉的感知往往伴随视觉一起发生。人们通常通过视觉预期触觉感受，然后再通过直接接触验证这种预期。例如，当人们看到玻璃或金属时，会预期其光滑和冰冷的触感；而看到木材时，则会联想到温暖和粗糙的质感。这种视觉与触觉的协同作用不仅丰富了用户的感知体验，还提升了产品的情感联结。

(三) 多感官体验的设计原则

在当代设计领域中，多感官体验作为一种创新性设计理念，逐渐受到广泛关注，其核心在于通过整合不同的感官刺激，提升用户的沉浸感与参与度，进而增强设计的吸引力与传播效果。然而，多感官设计并非仅仅是将视觉、听觉、触觉等元素机械地堆叠，而是需要遵循科学的设计原则，以确保各个感官要素的合理应用与协调互动。以下从四个方面探讨多感官体验设计的基本原则。

1. 感官要素的选择应得当

每一种感官元素在设计中都有其独特的作用与功能，但并非所有的感官刺激都适用于任何设计情境。在选择感官要素时，设计师需要根据设计目标、用户需求以及具体环境，评估每种感官元素的作用，避免盲目叠加感官刺激。过度使用感官元素，尤其是无休止地运用多重感官元素，不仅会引发用户的感官疲劳，还可能削弱设计的核心信息传递效果。人类的感知能力是有限的，过多的感官刺激可能导致信息超载，使用户难以有效捕捉关键信息。因此，在多感官设计中，必须结合可持续发展的设计理念，适当选择感官元素，以减少不必要的资源消耗与感知干扰，从而确保设计的清晰度与独特性。

2. 感官要素之间应有主次之分

人类在接收信息时，各感官渠道的优先级是不同的。然而，随着多感官体验设计的兴起，设计师逐渐认识到其他感官（如听觉、嗅觉）的重要性，它们不仅能够为设计增添新的维度，还可以通过特定的感官刺激帮助用户更好地记住设计。例如，嗅觉与听觉往往具有强烈的情感唤起功能，因此在某些场景中，适当的气味或声音元素能够增强设计的情感共鸣，使用户产生深刻的印象。但在实际设计中，仅仅将感官元素组合在一起是不够的，设计师还需要根据不同产品的特性和目标用户群体，明确各感官元素的优先级，确保各感官要素在设计中形成清晰的主次结构，从而避免感官冲突或过度刺激，提升用户的整体体验。

3. 多感官设计中感官要素之间应形成有机组合与互动

人类的感知系统具有整合性，视觉、听觉、触觉等感官信息并非独立存在，而是通过大脑的整合处理形成统一的感知体验。因此，在多感官设计中，设计师不仅要关注各个感官元素的单独表现，更需要思考它们如何在整体体验中相互支持、相互作用。例如，视觉与触觉的结合可以为用户带来更加真实的感知体验；视觉与听觉的协调配合则能够增强设计的动态感与节奏感，从而提升设计的表现力与感染力。在设计过程中，通过整合多种感官要素，设计师可以有效调动用户的情感反应，激发他们的情感共鸣，使设计传达的信息更加立体化、全方位化。

4. 感官要素与设计形象应紧密结合

多感官设计的最终目标是通过感官元素的应用来加强设计形象的表达。因此，在设计过程中，设计师需要根据设计的核心理念与产品特征，选择与之匹配的感官元素。例如，对于一款强调自然与环保的产品，柔和的视觉色调、自然的声音以及清新的气味可以共同构建产品的自然形象；而对于一款高科技产品，设计师可能需要使用冷色调、电子音效以及光滑的触觉表面，以传达科技感与未来感。总之，感官要素并非独立的装饰，而是设计形象的重要组成部分。只有将感官元素与设计的整体形象有机结合，才能真正实现多感官设计的价值，使设计作品具备鲜明的个性与深刻的感染力。

二、多感官体验理念下文创产品设计案例

下面以桃花坞木版年画文创产品研发为例，讲解多感官体验设计。

(一)文创产品开发条件分析

苏州桃花坞木版年画作为中国传统文化的重要组成部分，其文创产品的开发具备多个有利条件。这些条件包括苏州得天独厚的地理位置优势、坚实的社会和经济基础，以及深厚的历史和文化价值。这些要素共同为桃花坞木版年画的文创产品开发提供了坚实的基础。

1. 地理位置优势

苏州的地理位置独特，为桃花坞木版年画的文创产品开发提供了重要的地理优势。苏州位于中国东部沿海发达地区，东临东海，北靠长江，西临太湖，这一自然环境不仅赋予了苏州优美的生态环境，也为物流、交通及市场流通带来了便利。京杭运河、元和塘、娄江、吴淞河等河流交织成网，使得苏州自古以来就是水陆交通的枢纽。随着现代交通基础设施的建设，苏州的交通条件进一步提升，京沪铁路、

沪宁高速公路贯穿东西，使得苏州与上海、南京等周边大城市紧密相连。此外，张家港、常熟、太仓等国家级港口的建设进一步加强了苏州与国际市场的接轨，为桃花坞木版年画的文化创意产品进入国内外市场奠定了基础。这种地理位置的优势，不仅为桃花坞木版年画的创意产品提供了便捷的物流运输条件，也为其在国内和国际市场的推广提供了便利。随着苏州文化旅游的进一步发展，桃花坞木版年画这一富有地域特色的传统工艺也吸引了更多的消费者和游客，提升了其文创产品的知名度和市场竞争力。

2. 社会和经济基础

苏州作为中国经济发达地区之一，其强大的社会和经济基础为桃花坞木版年画的文创产品开发提供了必要的支撑。苏州在改革开放后迅速崛起，成为中国乡镇企业的发祥地，工业化和经济现代化的进程极大地推动了区域经济的发展。苏州不仅受益于自身的经济实力，还受到了上海经济圈的辐射影响，进一步增强了其经济活力。

文创产品的开发通常需要大量的资金投入，尤其是在产品设计、市场调研和品牌推广等方面。苏州雄厚的经济基础为这些活动提供了重要的资金支持，确保桃花坞木版年画的文创产品能够在开发初期顺利进行。同时，苏州当前正处于由传统工业经济向旅游经济转型的过程中，这种转型促使了市场对文创产品需求的增长。作为文化旅游资源的重要组成部分，桃花坞木版年画可以借助这一转型期，开发出富有地方特色和文化内涵的创意产品，以迎合市场的需求变化。

3. 历史和文化价值

桃花坞木版年画深厚的历史文化积淀为其文创产品的开发提供了源源不断的灵感和创意素材。桃花坞木版年画起源于明末清初，经过数百年的传承与发展，已成为吴文化的重要象征之一。作为中国传统年画的重要流派，桃花坞木版年画不仅在艺术表现形式上独具特色，其所承载的文化内涵也极为丰富。

桃花坞木版年画的题材广泛，既有神话传说、历史故事的再现，也有对民间生活的真实描绘，充分展现了江南地区的文化特质。其造型优美、色彩鲜明、装饰图案独特，形成了强烈的视觉冲击力和艺术感染力。通过文创产品的形式，这些年画艺术的精髓能够被更好地呈现出来，让现代消费者在日常生活中感受到传统文化的魅力。

此外，桃花坞木版年画还具有重要的非物质文化遗产保护价值。将其融入文创产品，不仅是对传统手工艺的创新运用，更是对这一文化遗产的有效传承。文创产品作为年画与消费者之间的桥梁，能够将年画的历史文化价值与现代消费需求相结合，使其以更贴近生活的方式重新进入大众视野，进而推动年画艺术的可持续发展。

（二）产品分析及设计创意

多感官体验理念的提出为传统艺术的创新与传承开辟了全新路径。在这一理念的基础上，将视觉、听觉、触觉、味觉和嗅觉等多感官元素融合到传统艺术中，不仅能够增强受众的体验感，还可以推动文创产品的创新发展。桃花坞木版年画作为中国传统的民间艺术之一，其独特的审美价值和文化内涵早已广为人知。随着时代的发展，如何在保持传统艺术精髓的同时，推动其在现代市场中的可持续发展，成为一个亟待解决的问题。多感官体验理念的融入，正为这一问题提供了新的解决方案。

1. 提高桃花坞木版年画创意产品的发展水平

桃花坞木版年画历来以其丰富的色彩和细腻的纹理吸引观众，但其局限性也随之显现：单一的视觉体验难以在信息爆炸的现代社会中长期维持观众的兴趣。多感官体验理念的引入突破了这一局限。通过结合听觉、触觉等感官刺激，可以为桃花坞木版年画赋予更多元的感知维度。例如，在展示桃花坞木版年画时，配以与年画内容相关的传统音乐，能够增强观众的文化沉浸感；或通过加入触觉互动装置，使观众能够亲身感受到年画纸张的质地与雕刻的纹理，进一步增强其参与感。这种多维度的感官体验不仅提升了桃花坞木版年画的观赏性和趣味性，也激发了受众对其历史与文化背景的兴趣。

通过引入多感官体验，桃花坞木版年画的表现形式更加多样化，创意产品的设计空间得以大幅扩展。例如，在年画的包装设计中，可以融入带有年画主题的香料，增加嗅觉体验；或是结合互动科技，开发可以通过触摸或声音触发不同视觉效果的年画作品。这些多感官元素的加入，不仅能够吸引更多年轻消费者，还能在市场上形成差异化竞争优势，为桃花坞木版年画开拓新的市场空间。

2. 实现桃花坞木版年画传统手工艺的可持续发展

桃花坞木版年画的传承问题一直是学术界和艺术界关注的焦点。随着现代技术的进步，传统手工艺面临着失传的危险。然而，多感官体验理念的引入为桃花坞木版年画的可持续发展提供了新的契机。通过对年画制作过程中的各个环节进行多感官开发，不仅可以保留其手工艺特性，还能赋予其新的文化内涵。例如，在年画制作工坊中，观众可以通过观看工匠操作、聆听雕刻木版的声音、触摸木版的质感，甚至体验手工印刷的过程，从而对这门古老的艺术形式产生更加深刻的认知与共鸣。

多感官体验的引入，不仅能够提高桃花坞木版年画的艺术价值，还能够让这一传统手工艺更加贴近现代生活，进而吸引更多年轻人参与到传承工作中来。通过开发多感官互动的学习方式，如结合 VR 技术，模拟年画制作的全过程，学习者可以身临其境地体验到传统工艺的独特魅力。这种创新性的传承方式，既能保持桃花坞木版年画的传统特色，又能激发现代人对其学习和传承的热情，为其长期发展提供了更多可能性。

3. 形成以桃花坞木版年画为中心的产业发展格局

多感官体验理念的运用，不仅可以提升桃花坞木版年画的艺术表现力，还具有推动其产业化发展的潜力。在现代文化创意产业中，产品的多样化和创新性往往决定了其市场竞争力。通过将多感官体验与桃花坞木版年画相结合，能够衍生出一系列文创产品，形成以桃花坞木版年画为核心的产业链条。例如，可以开发具有年画元素的互动装置、装饰品、生活用品等，以满足现代消费者多样化的需求。同时，围绕年画的制作与体验，还可以形成一系列以多感官互动为主的文化旅游项目，如年画主题的互动展览、年画体验式制作工坊等，为地方经济发展注入新的活力。

此外，通过打造集视觉、听觉、触觉等多维体验于一体的创意产品，能够将桃花坞木版年画的文化内涵更好地传播到国际市场。在全球范围内，消费者对于传统文化与现代科技结合的产品越来越感兴趣，这为桃花坞木版年画的全球化推广提供了良好的契机。借助多感官体验理念，不仅可以增强年画的文化表现力，还能够提升其在国际市场中的竞争力，进一步推动其走向全球，形成国际化的产业发展格局。

（三）文创产品多感官体验设计策略

随着科技进步和市场需求的变化，传统手工艺如桃花坞木版年画必须适应新时代的审美和消费者需求。过去，年画主要通过视觉传达人们的愿望和情感，而如今，消费者希望通过更多感官维度来体验产品。多感官体验设计的文创产品开发，不仅能够打破现有市场同质化的局限，还能加强消费者的参与感与互动，促进该传统文化的传承与创新。

1. 视觉感官体验设计

视觉感官作为最直接的感知体验，在文创产品的设计中占据主导地位。桃花坞木版年画设计中的视觉元素主要体现在色彩、图案和造型的应用上。设计师可以通过提炼年画中的典型图案和色彩，保持其简约美感和传统符号性。同时，还应在视觉呈现上引入现代设计手法，如扁平化设计或几何抽象等，以符合当代审美。

在色彩方面，桃花坞木版年画以大红、明黄、青绿为主色调，具有浓厚的民族特色。设计师可以在文化创意产品中运用这些色彩，通过色彩与形态的搭配强化视觉冲击力，激发消费者的审美兴趣和情感共鸣。同时，图案设计应体现年画的传统文化内涵，如福禄寿喜的吉祥图案或富有寓意的花鸟鱼虫图案，这不仅保留了年画的文化符号，也增强了产品的辨识度。

图 3.1　桃花坞木版年画

2. 听觉感官体验设计

除了视觉感官，听觉体验的引入可以增加产品的感染力和独特性。桃花坞木版年画创意产品可以结合音响设计或声音反馈技术，开发具有听觉感官体验的文化产品。例如，设计带有音乐播放功能的年画作品，当用户打开产品时，会播放具有地方特色的音乐或年画相关的音效，使消费者在使用过程中产生更多的情感联结。

此外，可以考虑将语音控制技术应用于桃花坞木版年画的创意产品中，消费者可以通过声音触发产品的功能，使人与年画之间形成更直接的互动。这种听觉感官设计不仅增强了产品的趣味性，还有效提升了桃花坞木版年画的现代化体验。

3. 触觉感官体验设计

触觉感官体验在产品设计中同样不可忽视。通过触摸，消费者可以感受到产品的质感与重量，这种直接的物理接触能够加深人们对产品的认知与体验。在桃花坞木版年画文创产品中，触觉设计可以通过木材、纸张等材料的选择与应用来实现。年画制作中常用的枣木、梨木具有独特的纹理和质感，可以在文创产品中充分展现出来。比如，设计带有木质纹理的文化产品，让消费者在触摸时体验到传统木版年画的质感，增加产品的真实感和亲近感。

此外，年画的雕刻工艺也可以通过触觉呈现出来。设计师可以在产品表面保留年画雕刻的凹凸不平的肌理，或通过现代工艺技术再现年画的手工感。这种设计不仅能让消费者通过触觉体验到年画的制作过程，还能促进他们对这一传统手工艺的理解与喜爱。

4. 嗅觉与味觉感官体验设计

嗅觉和味觉感官体验的引入，可以在情感层面上增强桃花坞木版年画文创产品的吸引力。研究表明，嗅觉对记忆的触发作用非常强大。设计师可以在年画文创产品中加入芳香元素，如在产品包装或使用过程中散发出与年画风格相符的清香，从而使消费者在闻到这种气味时迅速联想到桃花坞木版年画。

在味觉感官设计上，则可以结合苏州传统美食与年画元素。例如，设计师可以借鉴文物饼干的做法，将桃花坞木版年画中的图案应用于苏式糕点的外形设计中，让消费者在品尝传统糕点的同时，加深对桃花坞木版年画的认知与喜爱。

第三节　绿色设计理念下的文创产品融合创新设计

在科技高速发展的今天，环保成为全球关注的一个重要课题。"绿色设计是一种注重减少环境影响和资源消耗的设计理念，而文创产品则是通过独特的文化元素和创意思维，为产品增添独特的艺术与审美价值。"①随着绿色设计理念的不断推广，将其与文化创意产品相结合，不仅能够推动环境保护，还能为文创产品赋予更深远的社会和文化意义。以下探讨绿色设计理念与文创产品的融合，分析其带来的影响及未来发展前景。

一、绿色文创产品解读

在绿色设计理念的引导下，绿色文创产品应运而生，这类产品不仅在设计和生产过程中遵循环保原则，还通过独特的文化表达和创意设计，展示了环保与文化相结合的无限可能。绿色文创产品不仅满足了消费者对个性化和艺术感的需求，还将环保理念融入日常生活，激发了人们的环保意识。

绿色文创产品的设计不仅仅是对材料和工艺的重新思考，更是对文化、历史、艺术和环境保护的深度融合，这种融合不仅能够丰富产品的文化内涵，还能够通过产品的推广传递出一种绿色生活方式的理念。例如，以环保材料制作的文创产品，既能够表现出地方特色和文化传承，又能够减少对自然资源的消耗，体现了绿色设计理念与文化创新的完美结合。

二、绿色文创设计的实施

(一)材料选择与生产

绿色设计的首要任务是确保所用材料具有可持续性。文创产品的材料应优先选用天然、可再生资源，如竹子、麻布、再生纸等，这些材料在生产过程中对环境的影响较小。此外，利用回收材料也是一种有效的绿色设计策略，通过将废弃物转化为新的文创产品，不仅可以减少废弃物对环境的影响，还能够赋予材料新的生命，

---

① 危杨雨璇.绿色设计理念下文创产品的融合创新[J].剧影月报，2024(2)：91.

使其成为独具创意的文创产品。

在生产过程中，采用低能耗、低污染的生产技术尤为重要。例如，利用太阳能等清洁能源进行产品加工，减少二氧化碳的排放；使用无毒无害的染料和涂料，减少有害物质对环境和人体的危害。通过这些措施，文创产品不仅在视觉上和功能上令人满意，更能有效降低其对环境的负面影响。

(二)产品寿命周期考量

绿色设计要求在产品的整个生命周期中，设计师都要考虑其对环境的影响。对于文创产品来说，从材料的选择、生产工艺的优化，到产品使用后的处理和再利用，每一个环节都需要兼顾环保和可持续发展的原则。设计师可以通过增强产品的耐用性、提升其使用寿命来减少资源浪费，或者设计易于回收再利用的产品，确保在其生命周期结束时能够得到妥善处理。

(三)绿色文创产品典型范例

1. 时尚配饰

近年来，环保材料在时尚领域的应用愈加广泛，许多设计师利用回收材料设计出独具风格的饰品。通过将绿色设计理念融入时尚配饰的设计，文创产品不仅能够表达个人风格，还能展现环保理念。例如，使用再生塑料、废弃金属或天然纤维制作的手工饰品，既具有美学价值，又符合可持续发展的要求。

2. 文化主题家居用品

在家居用品设计中，绿色设计理念的应用尤为广泛。例如，以环保材料制作的家具、装饰品等家居文创产品，不仅提升了居住环境的文化氛围，还减少了对自然资源的依赖。通过使用可回收的木材、再生棉麻材料等，家居产品可以在环保与文化表达之间找到平衡。

3. 环保数字艺术品

随着数字化技术的快速发展，数字艺术逐渐成为一种新的文化创意产品形式。通过绿色设计理念的引导，数字艺术可以有效减少物理材料的使用，并通过可持续的方式传播文化。例如，基于区块链技术的数字艺术品可以在交易和展示过程中减少能源消耗，从而达到环保与艺术表达的双重目标。

4. 社会责任文化产品

文创产品不仅是文化的承载体，也是社会责任的重要体现。设计师可以通过绿色设计理念，开发出具有社会责任感的产品，呼吁人们关注环境保护、社会公平等全球性议题。例如，通过推广环保袋、再生材料手工艺品等，设计师可以传递环保理念，提升公众的环境意识。

第四节　基于用户体验蜂巢模型的公共图书馆文创产品开发

近年来，我国高度重视文化产业发展，积极推动与之相关的创意产业。公共图书馆作为公益性文化服务机构，有责任传承中华优秀传统文化。

图书馆在我国公共文化服务中发挥着重要作用，是社会文化创造和传承的桥梁。随着网络技术的发展和人们精神文化消费需求的增加，公共图书馆的文创产品也逐渐变得丰富，以满足用户的多样化需求。

一、用户体验蜂巢模型

在当代设计与技术融合的语境下，用户体验蜂巢模型（Honeycomb Model of User Experience）已成为跨学科领域内一个极具洞见与影响力的理论框架，该模型不仅深刻揭示了用户体验（UX）设计的多维度本质，而且以其独特的结构性和系统性，为设计师、开发者及研究人员提供了一个全面审视并优化用户体验的强有力的工具。其核心要义在于，将价值的实现作为用户体验设计的终极目标，这一价值不仅体现在产品或服务的功能性满足上，更蕴含于用户与产品交互过程中的每一个细微感受之中。

（1）有用性（Usefulness）作为蜂巢模型的首要支柱，强调的是产品或服务应直接满足用户的实际需求，解决用户面临的问题或达成其目标。这要求设计团队深入用户情境，通过用户研究洞察其真实需求，确保所提供的功能与服务是用户真正所需，从而实现从"为设计而设计"到"为用户而设计"的转变。

（2）可用性（Usability）关注的是用户能否轻松、高效地使用产品。它涉及产品界面布局的直观性、操作流程的简洁性以及错误预防与恢复机制的有效性。可用性高的产品能够减少用户的学习成本，提升使用效率，是确保用户体验流畅无阻的关键。

（3）可发现性（Findability）是指用户能够轻松地找到所需信息和功能的能力。在信息爆炸的时代，如何帮助用户迅速定位并获取有价值的内容，成为衡量产品用户体验优劣的重要标准。这要求设计者在信息架构与导航设计上下足功夫，确保信息呈现的逻辑清晰、层次分明。

（4）可信性（Credibility）关乎用户对产品或服务的信任程度。它建立在内容的准确性、来源的可靠性以及品牌形象的正面性之上。在数字化时代，用户对隐私保护和数据安全尤为敏感，因此，建立并维护用户的信任成为提升用户体验不可忽视的环节。

（5）可及性（Accessibility）强调的是产品应为所有用户，包括残障人士，提供平等的使用机会。这不仅是为了体现社会包容性，也是遵循法律法规的要求。通过遵循无障碍设计原则，确保产品界面、交互方式对所有用户友好，是实现真正意义上全民可用的必由之路。

（6）满足度（Satisfaction）作为用户体验的终极评判标准，综合反映了用户对产品整体表现的感受。它超越了单一维度的衡量，是用户对产品有用性、可用性、可发现性、可信性及可及性综合评价的结果。高满足度意味着产品不仅满足了用户的基本需求，更在情感层面与用户建立了深厚的连接，促进了用户忠诚度的形成。

二、基于用户体验蜂巢模型的公共图书馆文创产品开发模式

基于用户体验蜂巢模型的公共图书馆文化创意产品开发模式，旨在提升公共图书馆服务的现代化、个性化和用户导向性，确保其文化产品能够更好地满足当代公众多样化的需求。随着数字时代的发展，公共图书馆作为文化传承的重要机构，不仅是知识的保存与传播中心，更成为文创产业的一部分。为了应对日益复杂的用户需求，图书馆文化创意产品的开发必须借助系统化的模型，将用户体验融入开发流程，确保产品的文化价值与实用价值并存。

（1）有用性：是文化创意产品的核心价值。在公共图书馆文创产品的开发过程中，最基本也是最重要的层面是有用性。有用性不仅指产品的实际功能，更关乎其文化与社会价值。公共图书馆作为公益性文化机构，其文创产品必须承载深厚的文化内涵，并具有传递文化价值的作用。具体而言，公共图书馆应以中华优秀传统文化为核心内容，通过创新的方式将这些资源转化为能够打动公众的创意产品。文创产品的有用性不仅体现在它能带来经济效益，更在于它能为社会带来文化效益。

（2）可用性：是指产品功能与用户需求的结合。在产品设计阶段，公共图书馆应深入了解用户的实际需求和消费行为。通过用户调研和市场分析，确保文创产品不仅符合时代的审美和消费习惯，更能够在实际应用中被用户广泛接受。例如，当前越来越多的用户希望图书馆产品不仅具备文化内涵，还能在日常生活中具备实用性，如文具、装饰品等。因此，在文创产品的开发中，应注重文化元素与实用功能的有机结合，让用户在日常使用产品时能够切实感受到图书馆文化的独特魅力。

（3）可发现性：是指文化资源与产品的关联性。公共图书馆的文化资源涵盖广泛，丰富的藏书和历史文献资源为文创产品的开发提供了坚实的基础。蜂巢模型中的可发现性，强调了文创产品与图书馆资源之间的有机联系。公共图书馆应通过创意开发，将馆藏资源进行系统性转换，使用户能够通过文创产品发现其背后深厚的文化内涵。这种发现性不仅可以提升产品的文化深度，还能激发用户对图书馆资源的探索兴趣，进而增强图书馆的文化传播功能。

（4）无障碍：是指包容性设计与用户体验的提升。文创产品的设计必须考虑用户的生理和认知差异，确保所有用户，无论其年龄、身体状况或文化背景，都能轻松使用和理解产品所传达的文化信息。无障碍设计理念的引入，能够确保公共图书馆的文创产品对所有公众开放。例如，对于视障用户，可以考虑将图书馆的文创产品与盲文结合，或者通过音频等形式进行文化信息的传递，以确保每一位用户都能

从中受益。

(5) 可信性：是指版权管理与产品合法性保障。在公共图书馆文创产品开发中，版权问题是一个不可忽视的重要环节。图书馆资源的开放性和共享性使得许多文献资料的版权归属不甚明确，这在文创产品的开发中可能引发法律纠纷。因此，公共图书馆必须加强版权管理，通过明确的合同条款规定产品的版权归属，以保护相关利益方的合法权益，确保产品的可信性。此外，可信性也体现在产品的质量和信息准确性上，只有高质量的文创产品才能获得用户的信任与认可。

(6) 个性化：是指创新与用户参与的结合。公共图书馆的文创产品开发不能一味追求大众化，而是要注重个性化和创新性。在当今多元文化背景下，不同用户群体对文创产品的需求各不相同，公共图书馆应通过用户调研和反馈，深入挖掘用户的个性化需求，并在产品开发中融入这些需求。此外，通过引入用户参与的开发模式，公共图书馆可以让用户成为产品设计的一部分，从而增强产品的用户体验和独特性。例如，图书馆可以举办文创产品设计大赛，邀请用户参与设计过程，使文创产品更具多样化和个性化，展现出与众不同的文化魅力。

三、基于用户体验蜂巢模型的公共图书馆文创产品开发模式实施

随着时代的进步与信息技术的飞速发展，用户体验(User Experience, UE)已成为公共服务领域的重要考量之一。尤其在公共图书馆的文创产品开发中，用户体验至关重要。传统图书馆的文创产品往往停留在功能性和美观性的层面，忽视了用户的深层次需求。如何通过用户体验的深入理解和应用，实现文创产品的开发创新，成为当前亟待解决的问题。以下结合蜂巢模型的核心理念，探讨其在公共图书馆文创产品开发中的应用。

(一) 以用户为中心：深度理解用户需求

蜂巢模型强调用户体验的多维度，包括实用性、易用性、可信赖性、愉悦性、用户价值等。在公共图书馆的文创产品开发中，这些维度同样适用。首先，公共图书馆应从用户需求出发，开展深度用户调研，了解不同用户群体的文化兴趣和消费习惯。通过用户访谈、问卷调查以及用户体验场景模拟等方式，收集多层次的用户反馈。这不仅能够确保文创产品开发的方向更加精准，还能够减少因盲目开发而导致的产品定位不清等问题。

图书馆的文创产品不仅仅是为了展示馆藏文化资源，更应满足用户对文化精神层次的追求。通过蜂巢模型，设计师可以更好地理解用户在体验文创产品时的情感诉求，从而在产品设计中融入更多的情感元素，如产品的故事性和文化背景。以用户为中心的设计理念要求图书馆文创产品开发者从用户视角出发，提供更加个性化、富有深度的文化体验。

(二) 多维度的用户体验优化

蜂巢模型提供了丰富的用户体验维度，包括功能性、情感性、社会性等多个层面。在公共图书馆文创产品开发中，各个维度的平衡显得尤为重要。首先，产品的功能性必须得到保障，即产品要具备实用性、易用性，能够满足用户的日常需求。例如，图书馆可以开发具有实际使用价值的文创产品，如书签、笔记本、文化包等，同时兼顾文化内涵的传递。其次，产品的情感性也是文创产品成功的关键所在。公共图书馆的文创产品应以传递文化故事和图书馆精神为主要目标，通过文化符号和设计语言，打动用户心灵，使用户在使用产品的过程中产生情感共鸣。例如，将经典文学作品中的元素融入文创产品设计，用户在使用这些产品时能够联想到文学作品的情感和意义，增加了产品的情感附加值。最后，产品的社会性也不能忽视。文创产品不仅仅是个体使用的工具，它也承载着社会传播的功能。通过蜂巢模型中的社会性维度，图书馆可以开发具有互动性、分享性的文创产品，鼓励用户之间的交流与传播，提升产品的社会影响力。图书馆还可以与其他文化机构、社会组织开展合作，共同推广文创产品，扩大文化传播的范围。

(三) 创新设计与技术融合

蜂巢模型还强调了创新性与技术的结合，这一点在公共图书馆文创产品开发中具有重要意义。在新时代，单纯依靠传统设计思路难以满足用户的多元化需求。公共图书馆应结合现代科技手段，如 VR、AR 等技术，开发具有互动性、沉浸感的文创产品。例如，通过 AR 技术，用户可以通过扫描文创产品，获得产品背后的文化故事与图书馆历史，从而提升用户的互动体验与文化参与感。

此外，图书馆应建立起一套完善的用户体验反馈机制，将用户的实际体验融入产品的设计优化流程中。通过蜂巢模型的各个维度指标，定期对文创产品进行用户体验评估，及时根据用户反馈进行产品的迭代升级，这不仅能够提升文创产品的用户满意度，还能确保产品的持续创新与改进。

(四) 跨界合作与资源整合

蜂巢模型的用户体验理念要求图书馆在开发文创产品时，不仅要关注产品本身的设计与功能，还应注重其营销推广和市场化运营。公共图书馆应当通过跨界合作，与其他行业如电商平台、设计公司、文化机构等开展合作，形成文创产品开发与推广的协同效应。例如，与国内知名文化品牌合作，利用其在市场上的品牌影响力，提升图书馆文创产品的市场竞争力与认知度。同时，公共图书馆应结合自身的资源优势，通过对图书馆馆藏资源的深入挖掘，开发独具图书馆文化特色的文创产品，避免产品同质化。

第四章 文创产品与不同艺术元素的创新融合设计

第一节 文创产品与插画艺术的创新融合设计

"随着经济的发展和政策的鼓励，文创产品早已成为与消费者进行文化信息互动的重要桥梁。"①插画是一种图像表达艺术，在文化沟通中，插画作为传输信息的特殊方式扮演着重要角色，它可以更好地展现产品的内涵和风貌，在传递信息时，可以对文创产品进行多元化、系统化的策划与设计。因此，插画艺术在文创产品设计中的应用前景十分广阔。

随着中国经济的快速发展，民众开始追求更高品质的精神文化生活。就当前我国文创产业发展现状而言，不少以插画艺术为主题策划与设计的文创产品受到消费者追捧。故宫博物院推出的系列胶带——仙鹤胶带，其设计来源于故宫博物院馆藏珍品"宝蓝色缎绣云鹤纹裕便袍"，仙气十足，吸引了很多消费者前去购买，经常供不应求。

丰富多彩的文化产业给人民群众的生活带来了翻天覆地的变化：首先是经济收入的增加，改善了民生；其次就是给人民群众带来了丰富的业余生活，提高了人民群众的精神面貌和文化内涵。由于目前相关政策还不够完善，许多创意设计中缺少代表性的文化内涵或民族特色，部分文创产品不注重创新，同质化、表面化较严重，并不能深入其文化本质，无法与受众生活相关联。

一、插画的认知

插画，在大众的印象中就是在杂志、报刊或者某类书籍里面的插图，它的作用是为了达成更好更直观的视觉效果，补充语言所无法描述清楚的内容，以提高语言类文字在宣传中传达的意义。插画存在历史久远，从人类历史上最早的插画"岩洞画"开始，到基督教诞生后天主教堂上的挂画，再到经历工业革命后欧洲出现装饰运动的杂志与商业海报设计，以及后期出现在美国写实派插画上的一些经典人物形

---

① 郭岚. 文创产品设计及应用研究[M]. 长春：吉林出版集团股份有限公司，2020：136.

象，都诉说着插画的蓬勃发展与强烈的时代性特征，但这只是传统意义上的插画作为文学艺术所担任的一种附加角色。这一传统特点突出表现在当代中国，有关插画的载体，绝大部分是属于书籍出版范畴的。

如今，插画所代表的意义和作用在不停地延伸和扩大。比如，在人们日常使用的生活用品中，融入插画元素使它们变得更加有趣、灵动、多元化。在这种日益求新的心理作用驱使下，插画必然承载了更多的作用，特别是现如今它又与文化创意产业产生了深切的产业关系。

二、插画在文创设计应用中的特点

在文化创意产业的繁荣背景下，插画作为一种独特的艺术形式，在文创设计中的应用日益广泛，为文创产品注入了新的活力与特色。以下从增强文创产品的信息性，突出文创产品的情感性，以及增强文创产品的民族性三个方面，深入探讨插画给文创设计所带来的独特特点。

1. 增强文创产品信息性的艺术媒介

在有限的文创产品空间中，如何高效、准确地传达信息成为设计者的首要任务。插画以其直观、生动的表现形式，成为增强文创产品信息性的重要媒介。相较于纯文字描述，插画能够更直观地展示产品的核心理念、文化背景或故事情节，避免因文字描述的模糊性而导致信息的误解。在一些具有文化底蕴且旅游资源丰富的城市，如名山区，其文创产品常采用插画形式来展示当地的文化特色。例如，《蒙茶游记》等插画作品，通过细腻的笔触和丰富的色彩，生动再现了蒙顶山的自然风光和茶文化，使受众在欣赏插画的同时，能迅速了解产品的地域文化背景。这些插画作品不仅提升了文创产品的艺术价值，还增强了产品的信息性，使受众能够更直观地感受到产品的独特魅力。

2. 突出文创产品情感性的视觉桥梁

文创产品的魅力在于其能够触动人心，引发情感共鸣，而插画正是连接文创产品与受众情感的视觉桥梁。在文创设计中，插画通过细腻的笔触、丰富的色彩，将设计师的情感与思考融入其中，使文创产品不仅仅是物质的载体，更是情感的寄托。例如，在上海市慈善基金会君爱公益专项基金的文创产品中，图案原作者是一群特殊的孩子，他们被称为"星星的孩子"。这些孩子通过画笔将心中的渴望和想象描绘下来，创作出一幅幅绚丽缤纷的画作。其中，《七彩太阳》这幅作品的作者菲菲，是一个"糖宝"并伴有孤独症，她特别喜欢画画，尤其喜欢给各种图案填色。这幅作品有着治愈的笑脸，似乎能够传递温暖和喜悦。现在，这个温暖的笑脸被应用在各种文创产品上，如咖啡杯、杯垫、帆布袋等，不仅能让更多人看到这个笑脸，还能让喜欢的人把这个笑脸带回家，从而引发情感共鸣。

3. 增强文创产品民族性的文化符号

在全球化的浪潮中，民族文化的传承与创新成为文创设计的重要议题。插画，作为民族文化的视觉化表达，为文创产品增添了独特的民族韵味。在文创设计中，设计师通过挖掘民族文化的精髓，将其转化为具有现代审美趣味的插画元素，使文创产品既保留了传统文化的底蕴，又符合现代审美需求。例如，百雀羚三生花系列产品的插画设计，就是基于中国传统文化的典型代表。插画中的女主角身着民国时期的服饰和发饰，以具有代表性的上海建筑和古典家具为背景，刻画出一个优雅、美丽的女性形象。这种设计不仅勾起了老一辈人对于老上海与百雀羚有关的回忆，还通过不落俗套的包装形象，吸引了一大批年轻的消费群体。这种将传统文化与现代审美相结合的插画设计，不仅提升了文创产品的艺术价值，还增强了产品的民族性，使受众在欣赏和使用过程中感受到民族文化的魅力与力量。

三、文创产品与插画艺术的创新融合设计策略

在当代文化产业的繁荣景象中，插画艺术以其独特的视觉魅力和丰富的表现力，成为文创产品设计中不可或缺的重要元素。通过插画与文创产品的深度融合，不仅能够提升产品的文化附加值，还能有效拓宽市场，增强文化的传播力与影响力。以下探讨文创产品与插画艺术创新融合的设计策略。

1. 精准提炼文化信息，强化插画叙事功能

文创产品作为文化传播的载体，其核心在于如何准确、高效地传递文化信息。插画作为一种直观且富有感染力的艺术形式，在文创产品设计中扮演着至关重要的角色。为了实现文化信息的有效传递，设计者需对文化信息进行深度挖掘与精选提炼，通过插画艺术将抽象的文化概念具象化，使之更易于被受众接受和理解。例如，在"猫的天空之城"概念书店的案例中，设计者巧妙地将猫这一文化符号与书店品牌相结合，通过一系列以猫为主题的插画作品，不仅赋予了书店独特的视觉形象，还成功构建了与消费者之间的情感联系，实现了文化信息的有效传播。

2. 创新插画表现手法，丰富文创产品内涵

在文创产品设计中，插画艺术的创新应用是提升产品竞争力的关键。设计者应勇于突破传统，尝试运用多种插画技法与风格，如手绘、数字绘画、混合媒介等，以新颖的视觉语言诠释文化内涵；同时，还要结合现代审美趋势，将时尚元素融入插画设计，使文创产品既具有深厚的文化底蕴，又不失时尚感。例如，大英博物馆的木乃伊棺椁造型铅笔盒便是一个成功的案例，设计者通过巧妙的构思与精湛的插画技艺，将古埃及文化与现代文具完美结合，不仅展现了文化的多样性，也赋予了产品独特的艺术价值。

图 4.1　"猫的天空之城"书店

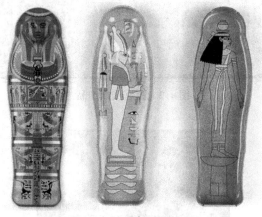

图 4.2　木乃伊造型文具

3. 明确文化定位，构建插画与文创的和谐共生

在文创产品与插画艺术的融合过程中，明确的文化定位是确保设计成功的基础。设计者需深入了解目标受众的文化背景与审美偏好，结合产品特性，制定符合市场需求的文化定位策略。通过插画艺术，将文化定位具象化为视觉形象，使文创产品成为文化传播的桥梁。例如，故宫文创产品的成功，便在于其准确把握了传统文化的精髓与现代审美的结合点，通过插画艺术将故宫的历史故事与人物形象生动呈现，既传承了文化，又满足了现代消费者的审美需求。

4. 促进跨界合作，拓宽插画与文创的融合边界

随着文化产业的不断发展，跨界合作已成为推动文创产品创新的重要途径。设计者应积极探索插画艺术与其他艺术形式的融合，如与摄影、雕塑、动画等领域的合作，为文创产品注入新的活力。同时，加强与品牌、设计师、艺术家等多方的合作，

共同打造具有影响力的文创品牌，提升产品的市场竞争力。通过跨界合作，不仅能够拓宽插画艺术的应用领域，还能促进文化产业的多元化发展。例如，在插画与动画的跨界合作中，国内某知名插画师与一家动画公司携手创作了以中国传统文化为主题的动画短片。短片中的角色和场景均以插画形式呈现，不仅展现了插画艺术的魅力，还通过动画的叙事手法将传统文化故事生动地呈现给观众。这样的跨界合作不仅拓宽了插画艺术的应用领域，还为文创产品提供了新的创作思路和市场机会。

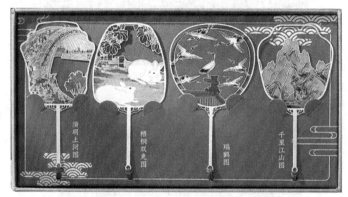

图 4.3　故宫文创产品

图 4.4　插画风格动画短片

第二节 文创产品与剪纸艺术的创新融合设计

伴随着剪纸艺术的不断发展，剪纸艺术被越来越广泛地应用到我们的生活中。剪纸艺术还被大量使用到文化创意产品的设计中。传统的剪纸艺术和现代设计可以相互融合，对剪纸进行全面分析和抽象的意义赋予，可以增强现代设计的艺术性，促进剪纸艺术的发展。

一、剪纸图形元素的创意转化与文化表达

剪纸图形以其简约而不失细腻的艺术风格，承载着深厚的文化内涵与象征意义。在文创产品设计中，剪纸图形的应用并非简单的形式模仿，而是对文化精神的深度挖掘与传递。设计师需深入剖析剪纸图形的内在意蕴，通过对其构图手法的理解与运用，如对称、重复等，展现出图形的节奏与韵律，使传统图形在现代设计中焕发新生。

1. 对称与重复的构图手法

对称与重复是剪纸艺术中常见的构图手法。在文创产品设计中，设计师可以借鉴这些手法，通过图形的对称分布或重复排列，创造出具有视觉冲击力与节奏感的图案。例如，将剪纸中的蝴蝶、鱼等吉祥图案进行对称设计，不仅保留了图形的完整性，还增强了产品的视觉美感；同时，重复排列的图形可以形成连续的纹样，为产品增添动态与活力。

2. 图形的重构与创新

在保留剪纸图形基本特征的基础上，设计师可以对其进行重构与创新，使传统图形与现代审美趋势相结合。例如，将剪纸中的吉祥图案进行简化处理，提取其关键元素，然后与现代几何图形相结合，创造出既具有传统韵味又不失现代感的图案。这样的设计既满足了消费者对传统文化的认同，又符合现代审美需求。

3. 吉祥图案的融入

剪纸艺术中的吉祥图案，如福字、寿字、莲花等，承载着人们对美好生活的向往与祝福。在文创产品设计中，将这些吉祥图案融入其中，不仅可以美化产品外观，还能赋予产品吉祥、幸福的寓意，满足消费者对美好生活的追求。

4. 数字化技术的应用

利用现代科技手段，如数字化技术，对剪纸图形进行精确提取与再创作，可以进一步拓宽其应用范围。设计师可以利用图像处理软件对剪纸图形进行矢量化处理，使其能够方便地应用于各种材质与尺寸的产品中。同时，数字化技术还可以实现剪纸图形的动态展示与互动体验，为文创产品增添更多的趣味性与创新性。

图 4.5 "福"文化创意剪纸(黄丽萍)

图 4.6 剪纸——齐天大圣(黄丽萍)

二、剪纸色彩元素的情感共鸣与市场策略

色彩是视觉艺术中最直接、最强烈的表达手段。剪纸艺术中的色彩运用,虽以简洁朴素著称,却能在有限色彩中展现无限的情感与意境。在文创产品设计中,合理运用剪纸色彩元素,不仅能够吸引消费者的注意力,更能激发消费者的情感共鸣。

1. 色彩的心理效应

设计师需准确把握色彩的心理效应,了解不同色彩对人们情绪与心理的影响。例如,红色代表热情与吉祥,黄色代表温暖与活力,蓝色代表宁静与深远等。在文创产品设计中,可以根据产品的特性与目标消费群体的喜好,选择合适的色彩搭配，使产品更加符合消费者的心理需求。

2. 色彩与产品特性的结合

结合产品特性与目标消费群体，选择既能体现剪纸艺术特色，又能满足市场需求的色彩搭配。例如，针对年轻消费群体的文创产品，可以采用鲜艳的对比色，增强产品的视觉冲击力与时尚感；而针对中老年消费群体的文创产品，则可以采用柔和的调和色，营造温馨舒适的氛围。

3. 色彩的环保与可持续性

在注重色彩美感的同时，还需关注色彩的环保与可持续性。选用无毒、可降解材料，响应绿色消费的理念。例如，在文创产品的包装设计中，可以采用环保纸张与天然染料，减少对环境的影响。同时，通过合理的色彩搭配与图案设计，使产品在不使用过多色彩的情况下，依然能够展现出独特的魅力。

4. 市场策略的制定

根据目标消费群体的喜好与需求，制定针对性的市场策略。例如，针对喜欢传统文化的消费者，可以推出以剪纸艺术为主题的文创产品系列，强调产品的文化内涵与艺术价值；而针对追求时尚与创新的消费者，则可以推出结合剪纸元素与现代设计理念的文创产品，以满足他们对新颖与独特的需求。

三、剪纸技法元素的工艺创新与材料探索

在现代设计语境的推动下，剪纸技法已不再受限于传统的纸张材料，而是向着更多元化、创新性的材料领域拓展。这种跨界的材料应用，不仅为文创产品带来了前所未有的视觉与触觉体验，也极大地提升了产品的实用价值与市场竞争力。

1. 金属材料的创新应用

金属材料因其坚固耐用、光泽度高的特性，在文创产品设计中具有广泛的应用前景。设计师可以将剪纸技法与金属材料相结合，通过激光切割或冲压等工艺，实现精细复杂的镂空图案。例如，设计一款以剪纸艺术为主题的金属书签，其镂空部分可以呈现出精美的剪纸图案，既保留了传统剪纸的韵味，又赋予了书签现代感与实用性。

2. 塑料材料的灵活性

塑料材料因其可塑性强、成本较低的特点，在文创产品设计中也占有一席之地。设计师可以利用注塑或 3D 打印等工艺，将剪纸图案精确地复制到塑料产品上。例如，设计一款以剪纸艺术为灵感的塑料杯垫，其表面可以呈现出细腻的剪纸纹样，既美观又实用。同时，塑料材料的多样性也为设计师提供了更多的创作空间，如透明、半透明、荧光等效果的塑料，都可以为文创产品增添独特的视觉魅力。

3. 布料材料的柔软触感

布料材料以其柔软的触感与丰富的纹理，为文创产品带来了温馨舒适的氛围。设计师可以将剪纸技法与布料材料相结合，通过刺绣、印染等工艺，将剪纸图案呈现在布料产品上。例如，设计一款以剪纸艺术为主题的抱枕，其表面可以绣有精美的剪纸图案，既具有装饰性，又能为消费者带来温馨的触感体验。

4. 技法与产品功能的融合

在文创产品设计中，设计师还需注重技法与产品功能的融合。通过镂空设计增加产品的透气性、透光性，或利用剪纸的层次感增强产品的空间感与互动性，使文创产品更加贴近消费者的生活需求。例如，设计一款以剪纸艺术为主题的台灯，其灯罩部分可以采用镂空设计，让光线透过剪纸图案投射出独特的光影效果，既美观又实用。同时，消费者还可以通过调整灯罩的角度与位置，改变光影的投射效果，增加产品的互动性与趣味性。

5. 传统技法与现代科技的结合

在探索新材料与剪纸技法的结合点时，设计师还需注重传统技法与现代科技的结合。例如，利用计算机辅助设计软件（CAD）进行剪纸图案的设计与优化，提高设计的精度与效率；或利用3D打印技术创造立体剪纸效果，使文创产品更加生动、立体。这种传统技法与现代科技的结合，不仅可以为文创产品带来更多的创新元素，也可以推动剪纸艺术的传承与发展。

第三节　文创产品与陶瓷艺术的创新融合设计

"中国的陶瓷艺术是珍贵的世界文化瑰宝，历史的积淀与丰富的经验使陶瓷艺术更富文化内涵"①，陶瓷艺术不仅映射出中华民族卓越的创造力，亦成为连接古今、沟通世界的桥梁。在这一宏大的文化背景下，探讨文创产品与陶瓷艺术的创新融合设计，不仅是对传统文化的一次深刻致敬，更是推动文化创新、增强文化自信的重要途径。

一、传统陶瓷艺术的文化内涵与艺术价值

传统陶瓷艺术，以其丰富的形态语言、细腻的质感表现及深邃的文化象征，构成了中国艺术宝库中不可或缺的一部分。从原始社会的简单陶罐，到唐宋时期的青瓷、白瓷，再到明清景德镇的精美瓷器，每一件作品都是时代精神的物化，蕴含着匠人的智慧与情感。这些经典之作，不仅展现了高超的技艺水平，更深层次地反映了古代社会的审美追求、生活哲学以及中华民族独特的宇宙观和人生观。

---

① 陈建廷，姚光红. 谈陶瓷艺术在文创产品设计中的融合创新[J]. 参花，2024(12)：80.

以宋代青瓷为例，其以温润如玉的釉色、简洁流畅的线条，体现了宋代文人追求的淡泊明志、宁静致远的生活态度。而明清时期的景德镇瓷器，则以其繁复精细的装饰、丰富多样的造型，展现了当时社会的繁荣与富足，以及匠人们对美的极致追求。这些陶瓷艺术品不仅是实用器皿，更是文化的载体，它们穿越时空，将古代社会的风貌与精神传递给了后人。

二、文创产品与陶瓷艺术的创新融合设计原则

1. 尊重传统，深挖价值

设计师需熟练掌握陶瓷制作的传统技艺，深刻理解其背后的文化内涵与艺术精神。在此基础上，对传统元素进行重新解构与再创造，使古老的陶瓷艺术以更加贴近当代审美和生活方式。

2. 兼具现代设计与传统韵味

运用现代设计理念和技术手段，如简约风格、3D 打印、数字雕刻等，将传统陶瓷纹样与现代设计风格相结合，创造出既具古典韵味又不失时尚感的产品。以"青花印象"系列茶具为例，设计师以传统青花瓷纹样为设计灵感，结合现代简约风格，设计出既具古典韵味又不失时尚感的茶具。茶具的形态简洁流畅，线条优美，青花纹样以现代审美进行重新解构与排列，既保留了青花瓷的典雅，又符合现代人的审美需求。该系列茶具在市场上获得了广泛好评，不仅满足了消费者的实用需求，也传递了中国传统文化的魅力。

3. 跨领域合作，拓展空间

促进陶瓷艺术与其他文化形态的交流互鉴，如与书法艺术、国画艺术、民族服饰等领域的融合，可以拓展陶瓷艺术的表现空间，创造出更具文化深度和艺术感染力的作品。例如，与书法家合作，将书法作品镌刻于陶瓷表面，形成独特的陶瓷艺术品。这些艺术品以陶瓷为载体，以书法为表现形式，将中国传统文化的两大元素巧妙地结合在一起。书法作品的笔墨韵味与陶瓷的温润质感相互映衬，形成了独特的艺术效果。

第四节　文创产品与漆艺的创新融合设计

在当代文化产业的蓬勃发展中，文创产品作为传承与创新文化的重要载体，正以前所未有的速度融入人们的日常生活。而漆艺作为中华民族传统工艺中的瑰宝，以其独特的艺术魅力和深厚的文化底蕴，为文创产品的设计提供了丰富的灵感源泉。以下探讨漆艺的特色，并通过具体的应用案例，展示文创产品与漆艺创新融合设计的无限可能。

漆艺不仅是一种工艺技术，更是一种文化象征和艺术表达。漆艺的魅力主要有

以下方面：首先体现在材料的独特性。大漆作为漆艺的主要原料，具有天然、环保、耐久的特性，它经过加工处理，可以呈现出丰富多变的色彩和质感，从深邃的黑色到温润的红色，再到璀璨的金色，无不展现出大漆的独特韵味。此外，漆艺还讲究"磨显"工艺，通过反复打磨，使漆面呈现出如镜般的光泽，或是形成层次分明的肌理效果，这种工艺过程本身就是一种艺术的创造。漆艺的另一大魅力体现在漆艺技艺的多样性。从传统的髹漆、雕刻、镶嵌，到现代的脱胎、蒔绘、变涂等技法，漆艺工匠们凭借一双巧手，将自然之美与人文情怀巧妙融合。髹漆技艺，即在大漆的基础上，通过刷涂、喷涂等方式，形成均匀的漆层；雕刻技艺，则是以刀代笔，在漆面上刻画出细腻生动的图案；镶嵌技艺，则是将金属、玉石、贝壳等材料嵌入漆面，增添作品的华丽感，这些技艺的相互交融，使得漆艺作品既具有实用性，又富含艺术价值。

在文创产品的设计中，漆艺的创新融合为产品赋予了新的生命力和文化内涵。以文具为例，传统的笔筒、镇纸等，在融入漆艺元素后，不仅提升了产品的实用性和美观性，更使其成为蕴含文化底蕴的艺术品。例如，某品牌推出的漆艺笔筒，采用脱胎技艺，以轻盈的木质为胎体，表面髹以大漆，并辅以精细的雕刻图案，既保留了文具的实用功能，又展现了漆艺的独特魅力。又如，漆艺在茶具设计中的应用也颇为广泛。茶具作为品茗时的重要伴侣，其材质和工艺的选择直接影响着品茗的体验。将漆艺融入茶具设计，不仅提升了茶具的观赏性和收藏价值，还使其在使用过程中更加耐用。一些高端茶具品牌也设计出采用大漆涂装的茶壶、茶杯，通过变涂技艺，使茶具表面呈现出如云霞般绚烂的色彩和纹理，让人在品茗的同时，也能感受到漆艺带来的视觉享受。

图4.7　高级漆艺笔筒

图4.8　漆艺镇纸

值得注意的是，漆艺与文创产品的融合设计，并不仅仅局限于传统技艺的复制和模仿，而是在传承的基础上进行创新和发展。设计师们通过深入研究漆艺的特性和技艺，结合现代设计理念和市场需求，创造出了一系列既具有传统文化底蕴，又符合现代审美趣味的文创产品。这些产品不仅满足了消费者对文化消费的需求，也推动了漆艺这一传统工艺的传承和发展。

第五章 文创产品与地域文化的创新融合设计

第一节 文创产品设计中的地域文化元素提炼与转化

一、地域文化元素的认知

"伴随我国社会经济和综合国力不断提升，地域文化正受到越来越广泛的关注。"[①]地域文化代表着一个地方独有的历史、传统和价值观，蕴含着丰富的艺术、审美、经济、文化价值。将这些地域文化元素融入文创设计中，既能将地域文化推广出去，又能传承地域独特的风貌和精神内涵，同时也满足了消费者对于个性化、独特且充满故事感的产品的需求。

(一)地域文化元素的范畴

地域文化作为文化研究中一个颇具深度的议题，其内涵虽植根于本土，却绝非静止不变或排斥创新的代名词。相反，地域文化应被视为一种动态的、开放性的创造源泉，它激励人们在尊重与传承的基础上，设计出既契合现代生活需求，又蕴含深厚文化底蕴的产品。在人文社科的广阔天地里，文化的界定历来是一个复杂而微妙的议题，地域文化作为其中的重要组成部分，同样面临着定义上的模糊性与多样性。尽管学界对于地域文化的具体界定莫衷一是，但通过梳理前人研究成果，我们可尝试将其理解为：在特定地理空间内，由历史积淀、自然环境、社会结构等多重因素共同作用，形成的一系列具有鲜明地域特色的行为模式、思维习惯及文化表达的总和。地域文化的形成，追根溯源，是人类适应自然环境、利用自然资源过程中，逐渐塑造出的生活方式与文化特质的体现。这些特质因地域差异而千差万别，从语言到习俗，从饮食习惯到居住形态，无一不深深烙印着地域的印记。地域文化的多样性正是人类文化丰富性的直接反映。即便在全球化浪潮的冲击下，地域文化不仅没有消逝，反而以其独特的魅力，展现出顽强的生命力和适应力，甚至在与外

---

① 唐聪，刘静. 地域文化元素在文创设计中的应用研究[J]. 西部皮革，2024，46(3)：117.

来文化的交流碰撞中，孕育出新的文化元素和表现形式。

物质文化作为地域文化直观可感的层面，涵盖了饮食、建筑、服饰等日常生活的方方面面，它们不仅是实用性的体现，更是地域审美、历史记忆与文化认同的载体。而非物质文化，则触及了地域文化的深层结构，包括道德观念、法律规范、风俗习惯，以及更为抽象的世界观、价值观和审美观等。这些非物质层面的文化元素，构成了地域文化的精神内核，影响着人们的思维方式、行为选择和社会组织方式，是地域文化得以持续传承与发展的重要基石。

值得注意的是，地域文化的定义并非一成不变，它是一个随着时代变迁、社会进步而不断发展的概念。不同历史时期、不同社会背景下，地域文化的内涵与外延都会发生相应的变化。因此，研究地域文化，不仅要关注其静态的构成元素，更要把握其动态的发展过程，探究其背后的社会动力、文化机制与历史逻辑。通过跨学科的综合研究方法，我们可以更加全面、深入地理解地域文化的丰富内涵与独特价值，进而为促进文化的多样性、推动文化的创新与发展提供理论支撑与实践指导。

(二) 地域文化元素的特点

地域作为一个复杂多维的概念，其界定可依据单一或多重特征，亦可基于人类活动的空间分布与聚居形态。地域文化元素，作为连接地域特性与产品设计的桥梁，其内涵与外延深受当地自然与社会环境的影响，展现出两大核心特征，即区域独特性与不可复制性，这两大特性共同构成了地域文化元素区别于其他文化符号的本质属性。

1. 区域独特性

区域独特性是地域文化元素的首要特征，它根植于特定地域的自然地理环境与人文历史背景之中。中国是一个历史悠久、幅员辽阔的国家，其地域文化的形成与发展无不深深烙着地理环境的印记。从北国的冰封雪域到南疆的热带雨林，从东部的鱼米之乡到西部的高原荒漠，自然环境的多样性为地域文化的孕育提供了丰富多样的土壤。在此基础上，衣食住行、方言俚语、人口迁徙乃至政治制度的差异，进一步丰富了地域文化的内涵，使得不同地区的地域文化呈现出鲜明的个性与风貌。一般而言，地理空间上的距离越远，地域文化的差异性愈发显著，这种差异不仅体现在物质文化的表层结构上，更深入了价值观念、思维方式等精神文化的内核之中，为产品设计提供了取之不尽、用之不竭的灵感源泉。

2. 不可复制性

不可复制性是地域文化元素的另一重要特征，它源自历史的不可逆性与文化的连续性。地域文化，作为特定区域内长期社会实践与精神创造的结晶，通过饮食习俗、民间艺术、节日庆典等多种形式，世代相传，绵延不绝。历史的长河中，每一次社会变迁、技术进步、外来文化的融入，都对地域文化产生了深远的影响，但这些影响都是在原有文化基础上的累加与融合，而非替代。历史的单向性决定了地域文化的每一个发展阶段都是独一无二的，无法被简单复制或重现。因此，地域文化元素在产品设计中的应用，不仅要求设计师深刻理解其背后的历史脉络与文化逻辑，更需具备创新性的转化能力，将地域文化的精髓以现代审美和技术手段重新诠释，使之既保留原有文化的韵味，又符合当代消费者的需求与审美偏好。

（三）地域文化元素的选择

地域文化元素的选择是文创产品设计中的首要步骤，它直接决定了产品的文化底蕴和艺术表现力。要准确选择地域文化元素，首先需要对该地区的自然、历史、社会等多方面进行深入了解。地域文化是一个地区在长期的自然环境、社会发展、历史进程中形成的独特文化现象，这些现象反映了该地区独有的风土人情、传统习俗和生活方式。因此，在选择地域文化元素时，设计师需要从多个角度进行调研，综合分析，以确保所选元素具有较高的代表性和识别度。下面以云南丽江纳西族东巴文化文创产品设计为例进行分析。

在云南丽江，纳西族的东巴文化是一种独特的地域文化。东巴文化涵盖了东巴文字、东巴绘画、东巴音乐等多个方面，其中东巴文字被誉为"活着的象形文字"，具有极高的艺术价值和历史意义。

1. 自然环境的影响

丽江地处云贵高原，山清水秀，自然风光旖旎。设计师在选择地域文化元素时，充分考虑了丽江的自然环境，将玉龙雪山、泸沽湖等自然景观融入文创产品设计中，使产品具有强烈的地域认同感。

2. 历史与人文背景

纳西族拥有悠久的历史和独特的文化传统。设计师深入挖掘了东巴文化的历史背景，通过查阅历史文献、考察东巴文化遗址等方式，获取了具有象征意义的文化符号，如东巴文字、东巴图腾等。这些元素在文创产品中的巧妙运用，提升了产品的文化厚重感和历史感。

3. 地方传统与民俗文化

纳西族的传统节日、习俗和手工艺都是宝贵的文化财富。设计师选择了具有民俗特色的东巴绘画和东巴音乐作为文创产品的设计元素，通过现代设计手法将其与实用产品相结合，如将东巴绘画图案印制在服饰、家居用品上，将东巴音乐融入音乐盒、音响等产品中，使产品既具有实用性，又富有文化内涵。

4. 物产文化与手工艺

丽江地区盛产银器、绣品等手工艺品。设计师在选择地域文化元素时，充分考虑了当地的物产文化和手工艺传统，将银器雕刻技艺和绣品制作工艺融入文创产品设计中，如设计出具有东巴文化特色的银饰、绣品等，既展现了地方文化的独特魅力，又满足了消费者的审美需求。

二、文创产品设计中地域文化元素的提炼

(一) 地域文化元素的提炼原则

在文创产品设计中，地域文化元素的提炼不仅要注重文化的表达，还要兼顾设计的美感与市场的接受度。提炼地域文化元素的过程中，设计师需要遵循一定的原则，以确保设计的合理性和艺术性。

1. 尊重文化的原真性与地方性

地域文化元素的提炼首先要尊重文化的原真性与地方性。这意味着设计师在使用文化元素时，必须确保其符号意义的准确性，不能随意篡改或误解原有的文化内涵。只有尊重文化的真实性，才能使文创产品在表达地方特色时保持高度的文化一致性和完整性。同时，设计师还要注意文化元素的地方性，即确保产品能够传达出该地区的独特性，避免模糊或泛化的设计，使消费者能够通过产品直接感受到地方文化的魅力。

2. 符号的简化与抽象

在提炼地域文化元素时，设计师往往需要将具象的文化符号进行简化与抽象化处理。过于具象的符号可能会导致设计显得过于沉重或复杂，影响产品的美感和市场接受度。因此，设计师可以通过符号的简化和抽象处理，使文化元素在保持原有文化内涵的同时，能够更加适应现代审美需求。例如，设计师可以将建筑的轮廓、花纹的纹理等具象的文化符号，转化为简洁的几何图形或抽象线条，使产品更具现代感和艺术性。

3. 文化的传承与创新结合

文创产品设计不仅是对传统文化的传承，更是对文化的创新和再创造。在提炼地域文化元素时，设计师需要在尊重传统文化的基础上，融入创新的设计理念，使传统文化能够与现代生活相结合。例如，设计师可以将传统的手工艺技法与现代科技相结合，创造出具有时代感的文创产品。同时，文化的创新也可以体现在形式与功能的结合上，通过设计使产品既具有文化内涵，又符合现代消费者的使用需求。

(二) 地域文化元素的提炼方法

提炼地域文化元素是一项复杂的设计工作，它需要设计师在深入理解文化内涵的基础上，运用设计手法对文化元素进行抽象与转化。常见的提炼方法包括以下方面：

1. 形态的提炼

形态是文化符号最直观的表现形式，设计师可以通过提取文化符号的外部形

态，将其转化为产品的设计语言。例如，设计师可以通过描摹建筑的轮廓、雕刻的纹理，或者自然物的形态，来创造具有艺术感的产品外观。同时，设计师在提炼形态时应注重对细节的处理，避免过于具象的表现方式，以增强产品的艺术性和抽象感。

2. 色彩的运用

色彩是文化的重要组成部分，不同的地域文化往往有其独特的色彩符号。例如，西藏文化中的红色和金色、江南文化中的青绿等，都是具有高度文化识别度的色彩。在文创产品设计中，设计师可以通过选择与地域文化相符的色彩，来增强产品的文化表达力和视觉冲击力。

3. 材质的选择

材质的选择也是地域文化元素提炼中的重要环节。各地的自然资源和传统工艺技法，决定了地域文化中常用的材料。例如，竹子、木材、陶土等材质在不同地区的文化中都有着广泛的应用。设计师可以通过选择具有地方特色的材料，使产品在视觉和触觉上都能够传递出地域文化的独特魅力。

三、文创产品设计中地域文化元素的转化

文创产品作为文化与市场的结合体，承载着地域文化的传承与创新。随着消费者对文化体验需求日益提升，如何通过文创产品展现出特定地域文化的独特魅力，成为设计者面临的重要课题。地域文化元素不仅仅是一种符号或形象，更是一种具有深厚文化内涵的象征符号。在文创产品设计中，要想实现地域文化元素的有效转化，既需要保持文化的原真性，又需兼顾产品的现代性与实用性。

(一)地域文化元素转化的两大路径

在文创产品设计中，地域文化元素的转化通常分为具象转化与抽象转化两种方式。具象转化指的是直接提取地域文化中的具体符号，如建筑、器物、图案、色彩等，将其应用于产品设计中；抽象转化则通过传递文化的精神内涵与意境，实现对文化的间接表达。

1. 具象转化：传统元素的现代表达

具象转化强调从地域文化中提取具体的视觉元素，这些元素可能来源于建筑、器物、服饰、自然景观等。在文创产品设计中，设计师可以通过视觉符号的运用，将文化元素直观地呈现在消费者面前。例如，故宫文创产品以宫廷器物为设计灵感，通过将龙凤、云纹等图案应用于现代商品，如笔记本、手机壳等，成功地将传统文化与现代生活方式相结合。

具象转化的核心在于通过视觉符号的传递，使消费者能够快速识别并感受到产品背后的文化内涵。这种方式具有较强的直观性和易理解性，尤其适合那些对文化

了解较少的消费者。然而，具象转化也容易陷入形式上的重复与同质化，因此在设计中必须注重创新，避免简单的符号拼接。

2. 抽象转化：精神内涵的传递

与具象转化相比，抽象转化更关注文化精神的表达。它不依赖具体的符号，而是通过产品设计传递出特定文化的价值、信仰和情感。例如，中国传统文化中的"和谐"理念，可以通过产品的形态设计、功能设计以及材料选择来体现，而不必直接使用传统符号。

抽象转化的优势在于其灵活性和包容性，能够在不同的文化背景下找到共鸣。设计师通过抽象的表达方式，激发消费者对文化的深层次认知与情感共鸣。例如，在茶具设计中，设计师可以通过简约的造型和自然的材质，传递出中国传统茶道中"简约"与"宁静"的理念，而无需过度依赖传统符号。这种方式强调的是文化意境的塑造，而非符号的表面化表达。

（二）地域文化元素转化的设计方法

在具体的设计实践中，地域文化元素的转化可以通过多种设计方法来实现，以下三种方法在文创产品设计中尤为常见。

1. 拼贴法

拼贴是一种通过将不同文化符号组合在一起的设计方法。设计师通过将一个文化中的代表性元素与另一个文化或现代元素相结合，创造出新的视觉体验。例如，将地方特色的建筑元素与现代产品形式相结合，设计出既具有地域文化特征又具有现代实用性的产品。

拼贴法的优点在于其灵活性和创新性。设计师可以自由选择不同的元素进行组合，打破文化之间的界限，创造出全新的文化表达。然而，拼贴设计也需要注意文化元素之间的逻辑关联，避免无意义的符号堆砌。

2. 嫁接法

嫁接法指的是将不相关的文化符号通过设计手法巧妙融合，形成新的文化语境。通过这一方式，设计师能够将传统文化符号融入现代产品的功能设计中，使消费者在使用产品时能够联想到特定的文化背景。例如，将传统建筑的纹饰运用于家具设计中，不仅增强了家具的美学价值，还赋予其独特的文化属性。

嫁接法强调的是文化符号与产品功能的融合，通过产品的使用体验传递文化内涵，同时兼具实用性。

3. 结合法

结合法是指将传统工艺、材料与现代设计相结合，赋予传统文化新的生命力。例如，将传统的刺绣工艺运用于现代服饰设计中，既保留了传统技艺的精髓，又融入了现代审美需求。

结合法的关键在于创新性，它要求设计师不仅要了解传统文化和传统工艺，还需要具备现代设计思维。传统元素在现代文创产品中的应用，不能简单复制传统，而应通过创新赋予其新的意义。

(三)地域文化元素转化的案例分析

为了更直观地展示地域文化元素在文创产品设计中的提炼与应用，下面以"江南水乡"为主题，进行具体案例分析。

1. 设计背景与目标

江南水乡，以其独特的自然风光、古朴的建筑风格和深厚的文化底蕴，成为众多设计师灵感的源泉。本案例旨在通过提炼江南水乡的地域文化元素，设计一系列既体现江南特色，又符合现代审美的文创产品，以满足消费者对文化体验和审美追求的需求。

2. 地域文化元素的提炼

(1)形态提炼：设计师从江南水乡的古建筑中汲取灵感，特别是小桥流水、粉墙黛瓦的典型特征。通过简化和抽象处理，将这些元素转化为产品设计的外观形态，设计一款以江南古桥为原型的书签，既保留了桥的流线美感，又赋予了书签实用功能。

(2)色彩运用：江南水乡的色彩以青绿、灰白为主，象征着水乡的清新与宁静。设计师在产品设计中大量运用这些色彩，设计了一款以江南园林为灵感的茶具套装，采用青绿色的釉面与灰白色的瓷身，营造出一种淡雅而宁静的氛围。

(3)材质选择：考虑到江南地区丰富的自然资源和传统工艺，设计师选择了竹子和丝绸作为主要材质，设计一款结合竹编工艺的笔筒，既展现了江南手工艺的魅力，又赋予了产品独特的触感体验；同时，利用丝绸制作一系列文具套装，如丝绸笔记本封面、丝绸书签等，让用户在触摸中感受到江南的细腻与温婉。

3. 文化传承与创新

在尊重江南水乡传统文化的基础上，设计师融入了现代设计理念。例如，在茶具套装的设计中，除了传统的茶具外，还加入了一个小巧的茶几，采用可折叠设计，便于携带和存放，满足了现代人对便捷生活的需求。此外，设计师还利用现代科技手段，如 AR 技术，为产品增加了互动体验，用户可以通过手机扫描产品上的二维码，观看江南水乡的文化介绍和故事，进一步增强了产品的文化传播力。

4. 市场反响

该系列文创产品推出后，因其独特的地域文化特色和现代设计感，受到了广大消费者的喜爱。不仅在国内市场取得了良好的销售业绩，还吸引了国际市场的关注，成为展示江南文化的一张新名片。

通过这一案例，可以看到地域文化元素在文创产品设计中的提炼与应用，不仅能够赋予产品深厚的文化内涵，还能够提升产品的市场竞争力，实现文化传承与商业价值的双赢。

第二节　基于情境构建的地域性文创产品创新设计

一、地域性文创产品的情境构建要素与需求分析

(一)地域性文创产品的情境构建要素

地域性文创产品的情境构建是文化创意设计中的核心议题之一，它不仅涉及产品本身的设计，还涵盖了产品与使用者、文化背景、销售环境之间的复杂交互。情境构建的过程不仅仅是对产品外在特征的表达，更是一种将地域文化、用户体验和市场需求相结合的综合性创作过程。

1. 情境构建中的核心要素

在地域性文创产品的情境构建中，物品、场合与角色三大要素共同构成了整个情境的基础。这三者的相互作用，决定了产品在使用过程中所呈现的文化价值与使用价值。

(1)物品的文化载体功能。文创产品本质上是文化的物质载体，它通过具象化的设计，传达出特定的地域文化内涵。文创产品的设计不仅仅追求功能性，还要通过产品形式表达特定的文化情感和社会意义。例如，传统的竹子与陶瓷材料在文创产品设计中被广泛运用，体现了对自然的敬重与对传统手工艺的延续。在这一过程中，产品不仅承担着功能性任务，还通过其外在形式传递出特定的文化内涵。故宫联名文具系列，作为地域性文创产品的典范，巧妙地将中国传统文化与现代文具设计相结合。这一系列产品，如以故宫建筑图案为设计元素的笔记本、融合传统龙纹与现代简约风格的笔等，不仅是对古代宫廷文化的致敬，也是将传统文化融入日常生活的创新尝试。通过这些产品，用户在日常书写、记录时，都能感受到故宫的文化底蕴，实现了物品作为文化载体的功能，同时满足了现代审美与实用需求。

(2)场合的多维度嵌入。场合即文创产品的具体使用环境。不同的使用场景决定了产品的功能需求和文化表现形式。例如，茶具作为中国传统文化的重要象征，在不同的使用场景下，其设计也会呈现出不同的风格与功能。在家居使用中，茶具的设计注重与居家装饰风格的融合，强调其观赏性与功能性的平衡。而在文化旅游纪念品市场中，茶具则更倾向于表现地域性文化元素，强调其作为纪念品的独特性与文化传承功能。例如，西湖龙井茶礼盒的设计，充分考虑了使用场合的多样性，在家庭聚会或商务宴请的场合，礼盒的设计注重高端雅致，采用与西湖美景相呼应的图案与色彩，既体现了茶叶的高品质，又成为桌面上的一道亮丽风景；而在作为

旅游纪念品的场合，礼盒设计则更多地融入西湖的传说故事与标志性景观元素，让游客在品尝龙井茶的同时，也能带走一份对西湖的美好记忆。这种根据场合调整设计策略的做法，不仅提升了产品的市场竞争力，也深化了地域文化的传播。

在情境构建中，场合的设计不仅仅是产品物质层面的表现，更多的是对使用者心理需求的满足。设计师通过对场合的深入分析，能够准确捕捉到消费者的文化心理需求，从而在产品设计中巧妙融入地域文化元素，增强产品的情感吸引力。例如，在旅游景区售卖的文创产品中，设计师往往会根据当地的自然风景、历史文化等元素，设计出具有浓厚地域特色的产品，使游客在使用或欣赏这些产品时，能够感受到一种身临其境的文化体验。这种多维度的场合嵌入，使得文创产品不仅具有实用性，还具有高度的文化象征意义。

（3）角色的心理契合。角色，即文创产品的目标使用者或购买者。不同的人群在使用产品时的文化认同感和心理需求各不相同。以年轻消费者为例，他们对于文创产品的需求不仅限于产品的实用性，还强调产品的独特性与时尚感。因此，设计师在进行文创产品设计时，必须深入分析目标用户的文化背景、生活方式及心理需求，从而设计出既符合功能性要求，又能引发情感共鸣的产品。

在地域性文创产品的设计中，角色的文化契合性显得尤为重要。例如，一款针对年轻人的地域性文创产品，其设计不仅要体现地域文化的传统内涵，还要融入现代设计元素，以满足年轻消费者对时尚、美感和文化认同的需求。通过这种文化上的心理契合，文创产品能够在市场中获得更广泛的认可与欢迎。例如，四川的熊猫主题文创产品，针对不同年龄层与不同兴趣偏好的消费者，实现了角色心理的高度契合。对于儿童，设计团队推出了可爱活泼的熊猫玩偶、卡通绘本等，以趣味性吸引他们的注意；对于年轻消费者，则推出了结合熊猫元素的时尚服饰、创意配饰，满足他们对个性与潮流的追求；而对于中老年群体，则侧重于推出熊猫图案的茶具、书画作品等，满足他们对传统文化与生活品质的需求。通过这些精心设计的产品，熊猫不仅成为了四川地域文化的象征，也成功跨越年龄界限，赢得了广泛的市场认可与喜爱。

2. 地域性文创产品情境构建的多重影响

地域性文创产品的情境构建不仅受到产品本身、场合与角色的影响，还受到更广泛的社会、经济与文化环境的影响。这些外部环境因素与情境构建的内在要素相互作用，最终决定了文创产品在市场中的表现与文化传播效果。

（1）地域文化的嵌入。地域文化是地域性文创产品设计中最为核心的要素之一。设计师在进行产品情境构建时，必须深刻理解当地的文化特点与历史背景，从而将这些文化元素巧妙地融入产品设计中。通过对地域文化的深入挖掘与再创作，文创产品能够在满足消费者审美需求的同时，实现对地域文化的传播与传承。以福建的土楼建筑为例，其独特的建筑形态和文化背景为文创产品设计提供了丰富的创作素材。设计师通过对土楼建筑结构的抽象化处理，设计出了具有浓厚福建地域特色的文创产品，在市场中广受欢迎。

（2）市场需求的导向。市场需求是文创产品情境构建过程中不可忽视的重要因素。随着消费市场的不断变化，消费者对文创产品的需求也呈现出多元化的发展趋势。在情境构建过程中，设计师必须充分考虑市场需求的变化，及时调整产品设计策略，以满足不同消费群体的需求。例如，近年来随着消费升级与体验经济的发展，消费者对文创产品的要求不仅限于外在形式，更注重产品的文化内涵与体验价值。设计师通过对市场需求的精准把握，能够在产品设计中巧妙融入文化创意元素，提升产品的文化附加值，从而增强其市场竞争力。

（二）地域性文创产品的设计需求分析

1. 人：情感需求分析

情感需求的研究是产品设计中至关重要的部分，尤其是当我们考虑地域性文创产品时，理解消费者的情感需求不仅能够帮助设计师打造出打动人心的产品，还可以促使消费者与产品产生更深的情感共鸣。情感需求可从诺曼所提出的情感三层次理论进行解析，即本能层次、行为层次和反思层次。

（1）满足五感的愉悦性。本能层次是诺曼情感理论的基础，它强调产品对人类五感（视觉、听觉、嗅觉、触觉、味觉）的直接影响。无论是色彩搭配、造型设计，还是材质选择，都会在第一时间触发消费者的情感反应。在视觉上，产品的颜值即正义，"颜值控"现象反映了消费者对高美感产品的偏好。五感不仅决定了消费者对产品的第一印象，还影响他们的进一步互动和购买行为。在地域性文创产品设计中，可以通过独特的形态、材质和色彩来唤起消费者的本能反应。利用当地特有的自然资源进行设计，如使用本土木材、陶瓷等材料，不仅代表了地域特色，还能通过触感、视觉和嗅觉等满足五感的需求。在色彩上，设计师可以借鉴当地传统文化中的色彩元素，如蓝白瓷器的淡雅、藏地唐卡的鲜艳，以满足消费者的视觉愉悦。声音设计也是不可忽视的一部分，像风铃、木器等能唤起特定地域记忆的声音，都可以增强产品的情感吸引力。

在满足五感的愉悦性方面，设计师必须充分理解目标受众的感官需求，并在设计过程中调动这些感官，最大限度地激发消费者对产品的情感共鸣。

（2）情感互动的创意性。行为层次是情感需求的进一步深化，它注重用户在使用产品过程中的互动体验。在这一层次上，产品的设计不仅要满足消费者的本能需求，还要通过创意互动提升用户体验。消费者在使用产品时所经历的每一个环节，从购买、打开包装到实际使用和收纳，都应该是精心设计的情感互动过程。

地域性文创产品可以通过融入当地的文化符号和互动方式，增强消费者的使用体验。例如，包装设计可以引用当地传统艺术形式，增加消费者的开箱乐趣；而在产品使用过程中，设计师可以创造出独特的交互方式，让用户通过与产品的互动体验当地文化的魅力。

此外，文创产品的情感互动设计还可以通过数字技术的融入来实现，例如通过手机 App 与产品进行互动，或通过增强现实技术（AR）让消费者在使用产品时看到与当地文化相关的虚拟场景。这种创新的互动体验，不仅能够提升产品的使用价值，还能够让消费者在使用过程中与当地文化产生更深的情感联系。

（3）地域情感的寄托性。反思层次是情感需求的最高层次，它是消费者对产品的长久情感寄托。在这一层次上，地域性文创产品不再仅仅是一件消费品，而是承载了消费者对某一特定地域的情感记忆。无论是旅游纪念品，还是地方特产，这些产品往往会成为人们对某个地方的情感寄托。

设计地域性文创产品时，设计师需要考虑如何通过产品的外观和功能，传递出该地域的文化符号和情感内涵。比如在设计民族特色的手工艺品时，设计师可以选择具有浓郁地方特色的图案和符号，如传统服饰的刺绣、当地的吉祥物或神话传说中的元素，这些都可以成为消费者情感寄托的对象。消费者在使用这些产品时，不仅能够回忆起曾经的旅行经历或地方文化，还可以通过这些物件将对该地域的情感延续下去。

此外，地域性文创产品还可以通过将文化记忆与现代生活方式相结合，来增强其情感寄托性。例如，一些设计师将传统的民间工艺与现代设计理念相结合，创造出既具有文化深度又符合现代审美的产品，这些产品不仅满足了消费者对文化记忆的需求，还适应了现代生活的快节奏和实用性。

2. 环境：地域性特征

地域性文创产品不仅是文化的载体，更是自然环境与人文环境的融合。地域特征在文创产品设计中占据重要地位，它既是对当地自然资源的利用，也是对人文脉络的传承。地域性特征的分析可以从地脉和文脉两个方面入手，地脉指的是自然地理脉络，文脉则是文化的延续。

（1）地脉特征。

地脉特征是自然地理环境对地域性文创产品设计的直接影响。设计师需要考虑当地的气候、地形、水资源等自然条件，这些因素不仅决定了产品的材料选择和制作工艺，还影响了产品的功能性和美观性。

气候条件对设计的影响是显而易见的，例如在设计针对寒冷气候的产品时，设计师可以选用保暖性强的材料，并设计出能抵御寒冷的功能性产品；而在热带气候下，透气性和轻便性则是设计的重点。此外，地质地形也是影响设计的重要因素。例如，山区的特定地形会影响建筑和家具的设计，而沿海地区的水体资源则会促使设计师考虑如何将水元素融入产品设计中。

资源特产是地脉特征中的另一个重要因素。当地丰富的自然资源可以为设计师提供独特的设计素材，同时也能降低生产成本。例如，中国南方的竹制品因其取材方便且环保，成为文创产品设计的常用材料；而北方的木材资源则为家具设计提供了丰富的选择。

（2）文脉特征。

文脉特征是地域文化的核心，它体现了当地的历史积淀、社会结构和民风民俗。文创产品设计中的文脉特征不仅要关注文化的表层，还要挖掘文化的内在逻辑和情感共鸣。

文脉特征可以从物质、社会、心理和行为四个层面进行分析。物质层是文化的表象，它反映了人与自然的关系，如当地的建筑风格、传统器物等。心理层包括了社会心理和意识形态，它影响着人们的价值观和审美标准。行为层是文化的最直观体现，它包括了地方性的风俗习惯和日常行为方式。

在文创产品设计中，设计师需要通过对文脉特征的深入理解，将这些文化符号转化为产品的设计元素。例如，在设计一个具有地域性特征的手工艺品时，设计师可以融入当地的传统图案、纹样以及民间故事，使产品不仅具有审美价值，还能传递深厚的文化内涵。

3. 物：文创产品设计要素

文创产品设计不仅是一个文化展示的过程，还是一个感官和情感的交流过程。设计要素的合理运用可以有效地传达地域性文化，并满足消费者的情感需求。在文创产品设计中，造型、色彩和材质是影响情感体验的三个关键要素。

（1）造型的情境编码。造型是产品的第一印象，它通过形态、结构等方面传达情感和文化内涵。地域性文创产品的造型设计应充分考虑到当地的文化背景和自然环境。例如，设计师可以通过简单的几何形状表达当地文化中的抽象美学，或通过复杂的曲线和线条传递柔美和细腻的文化情感。

此外，造型的设计还可以通过点、线、面的组合来表达不同的情感意象。例如，直线往往代表着力量和秩序，而曲线则代表着柔和与灵动。在地域性文创产品中，设计师可以通过不同线条的运用，表达不同地域的文化特征和情感意象。

（2）色彩的情境编码。色彩是视觉感知中最强烈的因素之一，它能够直接影响消费者的情感体验。地域性文创产品的色彩设计应基于当地的自然环境和文化传统。例如，在设计海南的文创产品时，蓝色可以象征海洋，绿色可以代表椰林，这些色彩不仅反映了当地的自然景观，还能唤起消费者的地域情感记忆。

设计师可以通过色彩的明度、纯度和色相的搭配，来营造不同的情感氛围。例如，暖色调往往给人温暖、亲切的感觉，而冷色调则传递出宁静、理性的情感。在设计中，合理的色彩搭配能够增强产品的情感吸引力，并帮助消费者与产品产生情感共鸣。

（3）材质的情感传递。材质是产品的触感体验，它通过手感、重量和表面的纹理，直接影响消费者的使用感受。在地域性文创产品的设计中，设计师需要选择能够体现当地文化和自然特征的材质。例如，竹、木、麻等天然材料不仅环保，还能够唤起人们对自然的亲近感。此外，不同的材质组合也能够传达不同的文化符号，例如石材和金属的结合可以表达力量与现代感，而陶瓷与布艺的搭配则能够体现出柔和与传统的美感。

材质的选择不仅关乎产品的美感和功能性，还影响消费者的情感认知。消费者通过触摸和使用这些材料，不仅能够感受到产品的质感，还能够通过这些感官体验产生情感上的共鸣。

二、地域性文创产品创新设计的情境构建策略

(一)地域性文创产品情境构建的模型

地域性文创产品情境构建的模型是一种综合考虑人、产品与环境交互关系的设计框架，它旨在通过构建符合地域特色的情境，促进文创产品的创造与发展。该模型的构建过程不仅涉及设计师对问题的分析与解决，更要求设计师能够将地域性文化元素与产品设计有机结合，从而实现产品功能、审美与文化内涵的统一。以下将从情境信息空间、情境设计空间以及情境衍生空间三个方面详细探讨地域性文创产品情境构建的模型。

1. 情境信息空间

情境信息空间是地域性文创产品设计过程的第一步，也是整个情境构建模型的基础。地域性文创产品的设计需要在"人–文创产品–环境"三者交互的过程中，提取出相应的情境信息，这些信息为后续的设计提供了方向和框架。具体而言，情境信息空间包含两个方面的内容：一是情境空间要素信息，二是交互情境信息。

(1)情境空间要素信息主要指"人–文创产品–环境"三者中各自包含的内容。例如，人作为情境要素，设计师需要考虑到其文化背景、审美需求以及对产品功能的预期；文创产品作为另一个要素，则应结合其材质、形式、功能等特点；而环境要素则体现为地域文化、自然景观、历史风貌等与地域相关的文化符号。这些要素信息是情境构建的核心，为后续设计奠定了基础。

(2)交互情境信息则是通过分析"人–文创产品–环境"三者之间的相互作用来获取的。在人与文创产品的交互中，设计师可以通过分析消费者对产品的使用场景、操作方式及审美反馈来确定产品的具体设计构思；而人与环境的交互则有助于了解人们在特定地域环境中的情感需求，如某一地域的风俗习惯、审美偏好等信息，可以为文创产品的设计提供文化依据；文创产品与环境的交互则能够揭示出产品在环境中的适应性和约束条件，如产品在该地域的文化适应性、环保要求等。

2. 情境设计空间

情境设计空间是情境信息空间的具体化，它是指设计师将前期获取的情境信息

整合并应用于文创产品设计过程中的空间。在这个阶段，设计师不仅需要将情境要素信息运用于产品功能、结构和审美的具体设计中，还需要灵活处理交互情境信息，以实现产品与环境、产品与人的无缝连接。

此外，情境设计空间还强调设计师在设计过程中对环境的适应性考虑。环境不仅仅是文创产品的使用场景，也是其设计灵感的来源。例如，某些文创产品在设计时需要考虑到地域的气候条件、地理环境等因素，从而确保产品的功能性与美观性兼备。在这一空间中，设计师通过对情境信息的分析与运用，逐步完成了从概念到产品的转化。

3. 情境衍生空间

情境衍生空间是情境构建模型的延展，它不仅仅局限于设计师在初始情境空间中的创造过程，还涉及产品在不同情境下的适应与演变。地域性文创产品设计的最终目标不仅是创造出适合特定地域文化的产品，还需要在不同的使用场景中能够发挥作用。因此，情境衍生空间的提出为文创产品的多元化发展提供了可能。

在情境衍生空间中，设计师将情境空间划分为主情境与子情境，主情境是指文创产品在设计之初所处的特定地域文化环境，而子情境则是在不同使用场景下产生的衍生情境。例如，某一地域性文创产品在本地销售时，可能需要突出其地方文化特色，而当其进入外地市场时，则需要考虑如何在保持地域文化特色的同时，适应新的市场需求。在这一过程中，设计师通过对情境的不断分析与优化，逐步完善产品的功能与文化内涵。

情境衍生空间的构建还要求设计师具备敏锐的市场洞察力与设计创新能力，能够根据不同市场的文化背景、消费者需求等因素，对文创产品进行适应性调整。这样一来，地域性文创产品不仅能够在本地市场中取得成功，还能够在更广泛的市场中展现其独特的文化价值。

(二) 地域性文创产品情境的构建方式

地域性文创产品作为当代文化产业发展的重要组成部分，其设计不仅需要关注产品本身的实用功能与美学价值，还需要深入探讨如何通过情境的构建来增强消费者的情感认同和使用体验。情境的构建，尤其是虚拟情境的塑造，成为构思和设计地域性文创产品的关键要素。以下从情境素材整合、情境要素分析及情境设计分析三个方面探讨如何有效构建地域性文创产品的情境。

1. 情境素材的整合

情境素材的整合是构建地域性文创产品情境的首要步骤。通过充分整合各类文化、历史、地理等相关素材，设计者可以为情境的构建提供坚实的基础。情境素材的整合通常包括两种方式：一是借鉴现有的研究成果，二是通过实地考察与调研获取第一手资料。

现有研究成果的收集，不仅可以帮助设计者在已有的理论框架上进行设计创新，降低重复劳动，同时也有助于打开视野，了解其他领域的最新动态与趋势。相比之下，实地考察与调研则更具真实性与启发性，能够让设计者直接接触目标地域的自然和人文特征，从而为设计提供更多感性层面的灵感。然而，两种方式各有优劣：前者往往理论性强，但缺乏与实际场景的直接关联；后者则较为具体，但存在主观性与局限性。因此，在地域性文创产品的情境构建过程中，应当结合两者优势，既从理论高度出发，又通过现场调研获得实践支持，从而在更广阔的视野下进行创意设计。

2. 情境要素的分析

在素材整合完成之后，设计者需要对情境要素进行进一步分析。地域性文创产品情境的构建并非简单地将收集到的资料堆砌，而是要对这些素材进行深度分析和筛选，确保它们与目标产品的概念及用户需求相契合。首先，需要考虑文创产品与目标消费群体之间的情感联结，设计者应当筛选出能够引起目标群体共鸣的元素，使得文创产品不仅具备文化象征意义，还能成为消费体验的一部分。其次，文创产品的情境设计应当关注"人-文创产品-环境"之间的互动关系。这三者之间的动态交互构成了情境的基本框架。设计者在构建虚拟情境时，不仅要将产品融入地域文化背景中，还需考虑产品在实际使用场景中的表现。环境的因素，包括物理环境与社会文化环境，都将直接影响文创产品的使用体验。

3. 情境构建

在完成情境要素的分析后，设计者需要着手构建具体的情境模型。此时，情境设计分析的任务是将分散的素材转化为连贯的设计构想，利用一系列的设计方法与工具，最终构建出符合实际应用需求的情境空间。

情境空间的设计可以看作是多个交互场景的组合，每一个场景都代表着一种特定的用户体验。为了更直观地发现设计中的潜在问题，设计师通常采用"情境故事板"的方式，模拟用户与文创产品的交互过程。情境故事板通过描绘用户、产品与环境之间的互动关系，揭示了文创产品在特定情境中的使用场景。

(三)地域性文创产品的情境解码方式

设计师在设计阶段对产品进行了编码，而解码则发生在消费者与产品互动的过程中。因此，如何让消费者准确解读产品所蕴含的文化意义，是设计师必须考虑的关键环节。以下从情境陈列设计、情境行为设计和情境事件设计三个维度，探讨如何通过情境解码的方式，实现地域性文创产品文化内涵的有效传达。

1. 情境陈列设计

情境陈列设计是地域性文创产品传递信息的主要手段之一。通过将产品置于特定的情境中，设计师能够有效地构建一个富有叙事性和沉浸感的空间，帮助消费者更好地理解产品的文化背景。这种设计形式类似于博物馆中的展示，它不仅仅是对产品的物理呈现，更是将其融入一个情境化的故事结构中，使消费者能够通过感官和情感的共鸣理解产品背后的文化意图。

在地域性文创产品的情境陈列设计中，空间的布局与结构尤为重要。开放性、通透性和流动性的空间设计能够增强消费者的参与感和探索欲望。例如，在一个以地域文化为主题的文创展览中，设计师可以通过模拟当地的自然环境、建筑风格或生活场景，营造一种身临其境的体验感。通过这种方式，消费者能够自然地将自身的体验与产品的文化意义联系起来，达到"润物细无声"的传播效果。此外，光线、声音和材质的使用也是情境陈列设计中的关键因素。光线可以用来突出产品的核心特质，声音则可以引导消费者的情绪，材质的触感则进一步加深了消费者与产品之间的互动。例如，在陈列涉及海洋文化的文创产品时，可以利用蓝色光线来模拟海洋环境，同时播放海浪声，搭配柔软的海洋生物材质，给消费者一种沉浸式的体验感。在这样的情境中，消费者不再仅仅是观看产品，而是能够通过感官的全面参与，对产品所传递的文化内涵进行更深层次的解读。

陈列的内容和形式同样需要与产品的地域特征相契合。地域性文创产品通常包含丰富的历史、地理和文化信息，这些信息如果通过直接的文字或符号表达，可能会显得生硬或枯燥。因此，设计师可以采用象征性或隐喻性的手法，通过视觉或空间的语言，将这些复杂的信息以简洁且富有美感的方式呈现给消费者。例如，在展示以传统手工艺为主题的文创产品时，可以设计一个模拟传统工匠工作坊的场景，消费者在这样的情境中不仅能够看到产品，还可以感受到传统技艺的文化氛围，从而更容易理解产品的价值与意义。

2. 情境行为设计

情境行为设计强调通过消费者的行为引导来实现产品的文化传播。这种设计方式通过构建特定的行为路径，引导消费者在与产品互动的过程中自然地解码产品的文化信息。宜家家居的步道设计就是一个典型的例子。通过设计一条特定的行走路线，宜家不仅能够引导消费者的行为轨迹，还能够通过沿途的空间布置让消费者逐步了解北欧家居文化。

在地域性文创产品的情境行为设计中，设计师同样可以通过规划消费者的行为路径，让他们在参与产品的互动中逐步解读产品的文化内涵。例如，一个展示当地传统节日的文创展览可以通过模拟节日活动的方式，邀请消费者参与其中，从而在过程中感受到节日背后的文化氛围。在这样的情境中，消费者不仅仅是通过视觉感知产品，还能够通过行为体验加深对文化的理解。

情境行为设计的核心在于介入模式的运用。与传统的劝服模式不同，介入模式强调通过消费者的实际参与来实现对产品认知和态度的转变。在这一过程中，消费者的行为并不完全遵循传统的购买逻辑，而是通过互动体验逐渐形成对产品的态度。例如，消费者可能在参与某个文化活动时接触到相关的文创产品，随后通过活动中的体验逐渐对该产品产生兴趣，并最终购买。这种情境行为设计能够有效地将消费者的行为与产品的文化传播联系起来，形成一种潜移默化的影响。

在实际操作中，情境行为设计可以通过一系列互动装置、游戏化的体验或沉浸式的表演来实现。例如，一个关于少数民族手工艺的文创展览，可以设计一个互动区域，让消费者亲手体验制作过程。在这一过程中，消费者不仅能够了解到产品的制作工艺，还能够通过动手操作的行为进一步理解产品背后的文化内涵。通过这种设计，消费者的行为不仅仅是为了完成某项任务，而是为了在参与中逐步解读产品的文化编码。

3. 情境事件设计

情境事件设计是通过特定的活动或事件，将产品的文化内涵融入其中，让消费者在参与的过程中完成对产品文化的解码。例如，在 G20 峰会国宴餐具的设计中，设计师通过将西湖的自然景观与国际化的餐桌礼仪相结合，不仅传递了中国传统文化，还考虑到了国际友人的文化背景。在这样的用餐情境中，餐具不仅仅是用来盛放食物的工具，更是一种文化符号的载体，参会者通过餐具的使用过程，自然而然地感受到西湖地域文化的独特魅力。

情境事件设计强调消费者的主动参与，这种参与不仅能够增强消费者对产品的认知，还能够通过实际体验加深他们对产品的情感联系。

在情境事件设计中，设计师还可以通过活动中的情感共鸣，进一步加强消费者对产品的情感认同。例如，在一个展示地方美食文化的文创活动中，设计师可以通过邀请消费者亲自参与美食的制作与品尝，让他们了解食物的制作过程，并通过品尝食物的行为，进一步感受到地方文化的独特风味。这种情境事件设计不仅仅是为了让消费者体验产品，更是为了让他们在体验过程中完成对产品文化的深度解码。

第三节　文创产品设计与地方特色文化的融合

一、文创产品设计与地方特色文化关系辨析

(一)地方特色文化及其特性

地方特色文化，是指在特定地理空间内，人类社会实践活动中所创造并传承的，对自然与社会环境产生深刻影响的物质与精神成果的总和。这一文化形态，不仅承载着地域历史的记忆，还通过多样化的表现形式，如语言、艺术、习俗等，实现了其存续与发展。地方特色文化的核心特质，可归纳为指向性、独特性及包容性三大维度，它们相互交织，共同构成了地方文化丰富多彩的图景。

1. 指向性

地方特色文化的指向性，根植于地理空间的差异性与人类活动的多样性之中。在历史演进的漫长过程中，不同民族基于各自生存环境的独特性，发展出了各具特色的文化体系。即便是在同一民族内部，由于地理分布的差异，其文化表现也呈现出显著的区域差异。例如，羌族文化在四川岷江流域与甘肃河湟地区的展现，虽同属羌族，却因地理环境、经济条件的不同，而在节庆习俗、民间艺术等方面展现出迥异的风貌。这种指向性要求我们在进行文创产品的设计与开发时，必须深入挖掘并尊重各地文化的具体性，避免简单化的泛化处理，以确保文化表达的真实性与准确性。

2. 独特性

在中国广袤的国土上，因不同地区自然条件、历史积淀、经济社会发展水平的差异，形成了丰富多样的地方特色文化。这些文化不仅体现在建筑风格、饮食习惯、民间工艺等物质层面，更渗透于价值观念、道德规范等精神领域。例如，江南水乡的细腻温婉与西北高原的粗犷豪放，不仅是自然景观的对比，更是两地文化性格的鲜明写照。因此，在推动文化创意产业与地方文化的深度融合时，必须超越表面的符号复制，深入探究地方文化的发展逻辑与内在机制，以期在保护与传承的基础上，实现文化的创新性转化与发展。

3. 包容性

尽管地方特色文化各具特色，甚至在某些方面存在显著差异，但从更广阔的历史视角审视，它们皆源自中华民族多元一体的文化根基，是中华文明多样性与统一性的生动体现。这种包容性，不仅表现在不同地域文化间的相互影响与借鉴上，也体现在同一文化体系内部不同分支间的和谐共存。以粤剧与京剧为例，两者虽分属广东与北京的地域文化代表，但在艺术表现手法、剧目题材等方面，均展现出相互学习与融合的痕迹，共同丰富了中国戏曲艺术的宝库。因此，地方文化的包容性提示我们，在促进文化多样性的同时，也应注重文化的交流与对话，通过跨地域、跨民族的文化互动，进一步激发文化创新的活力，推动中华优秀传统文化的创造性转化与创新性发展。

(二)文创产品设计与地方特色文化的关系表现

1. 同源共生，交织并进，呈现螺旋式发展的动态平衡

从人类文明演进的宏观视角审视，文创产品设计与地方特色文化之间存在着深刻且复杂的内在联系，它们如同一棵参天大树的根系与枝叶，同源共生，相互依存，在时间的长河中交织并进，展现出一种螺旋式发展的动态平衡。人类文明之初，工具的创造与使用标志着智慧的觉醒，而文化的累积与传承，实则是这些人造物品及其背后活动模式不断进化与创新的体现。随着人类活动范围的拓宽与认知能

力的提升，新的知识与技术应运而生，这些创新元素如同活水，不断滋养着人造物品的设计与制造，促使其形态、功能乃至象征意义发生深刻变革。反过来，这些变化又深刻影响着人类的生活方式与价值观念，进一步塑造和丰富了地方特色文化的内涵。

文创产品，作为当代文化产业的结晶，其设计灵感往往根植于深厚的地方特色文化土壤之中。无论是细腻精美的传统手工艺，还是融入现代科技元素的创新设计，都是特定历史时期、特定地域环境下，人类智慧与自然环境、社会结构相互作用的产物。例如，云南丽江的东巴文创产品，不仅展现了纳西族独特的文字艺术，也通过现代设计手法，让这一古老文化符号跨越时空，成为连接过去与未来的桥梁，促进了文化的传承与创新。

2. 相互制约：传统文化表达与现代审美、商业价值的双重考量

文创产品设计与地方特色文化之间的相互作用并非总是一帆风顺，二者之间存在着不可忽视的相互制约因素，主要体现在两个维度：

（1）传统文化表达方式与现代认知、审美之间的张力。在快速变化的现代社会，如何使蕴含深厚历史底蕴的地方特色文化以符合现代人审美趣味的方式呈现，成为文创产品设计的一大挑战。过于传统或保守的表达，可能让现代消费者感到陌生与疏远，导致文化信息的误读或忽视；而过度现代化的改编，又可能削弱文化的原生性与真实性，降低其在消费者心中的文化价值。因此，寻找恰当的平衡点，使传统文化既能保持其独特魅力，又能与现代审美相契合，是提升文创产品吸引力的关键。

（2）商业价值与文化价值的冲突与平衡。文创产品作为市场经济的产物，其成功与否往往以市场表现来衡量，这自然要求产品具有一定的商业价值，包括吸引消费者的注意力、满足市场需求、实现经济效益等。然而，过分追求商业价值，可能导致产品设计过于迎合市场，忽视或削弱其应有的文化深度与艺术价值，长远来看，不利于文化的传承与发展。反之，若过分强调文化价值而忽视市场需求，则可能导致产品无人问津，难以实现文化传播的初衷。因此，如何在保持文化价值的同时，赋予产品足够的商业价值，使之成为连接消费者与文化的桥梁，是文创产品设计领域亟待解决的问题。

二、文创产品设计与地方特色文化的融合路径

（一）文化语言可视化途径

文化语言是地方特色文化的核心表达，它包括符号、图案、色彩、故事等多个层面。将文化语言转化为可视化的设计元素，是文创产品设计的首要任务。这要求设计师具备深厚的文化底蕴和敏锐的洞察力，能够准确捕捉地方文化的精髓，并将

其巧妙融入产品设计。具体而言，文化语言的可视化可以通过以下方式实现：一是直接引用，如将地方特色图案、传统色彩等直接应用于产品外观，形成鲜明的文化标识；二是抽象提炼，通过对地方文化元素的深入分析，提取其内在的精神特质，以抽象的形式表现在产品上，如通过形态、材质等传递文化信息；三是故事演绎，将地方文化中的传说、历史故事等融入产品设计，通过产品讲述文化故事，增强产品的文化内涵和吸引力。

在实现文化语言可视化的过程中，设计师还需注重文化元素的创新运用，避免简单的复制和堆砌，而是要在尊重传统文化的基础上，进行创造性的转化和发展，使文创产品既具有文化识别度，又符合现代审美需求。以"故宫文创"为例，故宫作为中国历史文化的瑰宝，其文创产品设计充分体现了文化语言的可视化。故宫的"龙凤呈祥"系列文创产品，直接引用了故宫中的龙凤图案，这些图案不仅具有鲜明的文化标识，还通过现代设计手法，如简约线条和时尚色彩，使产品更加符合现代审美。同时，故宫还通过故事演绎的方式，将历史故事融入产品设计，如"紫禁城建筑模型"不仅展示了故宫的宏伟建筑，还通过附带的小册子讲述每座建筑背后的历史故事，增强了产品的文化内涵和吸引力。

(二)产品形态多元化途径

产品形态是文创产品设计的物质载体，也是连接文化与市场的关键环节。地方特色文化的多样性为文创产品形态的多元化提供了丰富的素材和灵感。通过不同的产品形态，可以全方位、多角度地展示地方文化的魅力。

产品形态的多元化可以从以下方面入手：一是传统工艺与现代设计的结合，如将传统手工艺与现代设计理念相融合，创造出既具有传统韵味又不失现代感的产品；二是跨界合作，通过与其他行业或领域的合作，拓展文创产品的应用范围，如将地方文化元素融入家居用品、服饰配饰等，使文化更加贴近人们的日常生活；三是数字化呈现，利用数字技术将地方文化以虚拟现实的形式展现出来，为用户提供全新的文化体验。

在产品形态的设计过程中，应充分考虑用户的需求和喜好，以及市场的接受程度，确保文创产品既具有文化特色，又符合市场需求，实现文化与经济的双赢。以"云南民族风文创"为例，云南作为中国多民族聚居的地区，其丰富的民族文化为文创产品形态的多元化提供了无尽灵感。云南民族风文创产品通过传统工艺与现代设计的结合，如将苗族银饰工艺与现代珠宝设计理念相融合，创造出既具有传统韵味又不失现代感的首饰。此外，跨界合作也是云南民族风文创的一大亮点，如将彝族刺绣元素融入现代服饰和家居用品，使传统文化更加贴近人们的日常生活。同时，数字化呈现也被广泛应用，如通过虚拟现实技术展示云南的民族文化，为用户提供全新的文化体验。

（三）用户群体广泛化途径

用户群体是文创产品设计的最终服务对象，也是文化传播的受众基础。实现用户群体的广泛化，是文创产品设计与地方特色文化融合的重要目标。这要求设计师在创作过程中，不仅要关注文化的传承与创新，还要深入研究用户心理和市场趋势，打造出符合不同用户群体需求的文创产品。

用户群体的广泛化可以通过以下几种策略来实现：一是细分市场，根据用户的年龄、性别、兴趣爱好等特征，将市场细分为不同的目标群体，并针对每个群体设计相应的文创产品；二是跨界营销，通过与其他品牌或行业的合作，拓宽文创产品的销售渠道和受众范围；三是文化教育，通过举办文化讲座、展览等活动，提高用户对地方文化的认知度和认同感，进而激发其购买和使用文创产品的意愿。

在实现用户群体广泛化的过程中，设计师还应注重文创产品的实用性和互动性，使用户在使用过程中能够感受到文化的魅力和乐趣，从而加深对地方文化的理解和喜爱。同时，通过用户反馈和市场调研，不断优化产品设计，提升用户体验，实现文创产品的持续发展和文化传承。以"敦煌文创"为例，敦煌文创产品设计在实现用户群体广泛化方面取得了显著成效。通过细分市场，敦煌文创针对不同年龄、性别和兴趣爱好的用户群体设计了不同的产品。例如，针对年轻人推出了以敦煌壁画为灵感的时尚服饰和配饰，而针对儿童则设计了寓教于乐的敦煌文化玩具。同时，敦煌文创还通过跨界营销，与知名品牌合作推出联名产品，拓宽了销售渠道和受众范围。此外，敦煌文创还注重文化教育，通过举办敦煌文化讲座、展览等活动，提高了用户对敦煌文化的认知度和认同感，进而激发了其购买和使用文创产品的意愿。

第六章　文创产品与不同产业的创新融合设计研究

第一节　新媒体时代下文创产品的发展与解读

近年来，文化创意产业在国内的发展势头迅猛强劲，产业门类、规模等都有了显著提升，发展前景广阔。文化创意产业已经逐渐成为支柱性产业，在推动当地经济发展等方面发挥着不可忽视的作用。"在文化创意产业迅猛发展的背后，新媒体技术是保证其可持续发展的核心力量和不竭动力，文化创意产业的发展离不开新媒体的支持"①。

一、新媒体时代概述

在全球信息化与技术高速发展的背景下，新媒体已经成为现代社会中不可忽视的重要力量。新媒体不仅改变了信息传播的方式，也深刻影响了人类的交流方式和社会结构。通过对新媒体的定义与分类、新媒体技术的发展历程以及其对信息传播的影响的分析，我们可以更深入地理解新媒体在当今时代的重要性及其对社会的广泛影响。

（一）新媒体及其分类

新媒体（New Media）是相对于传统媒体（如报纸、电视、广播等）的一种全新信息传播形式。其核心特点是依托于数字技术和互联网，以信息的双向互动、个性化服务以及传播的时效性为主要特征。传统媒体一般是单向传递信息，而新媒体则具有高度的互动性和参与性，受众可以通过新媒体平台直接与信息提供者交流，甚至成为内容的生产者与传播者。

新媒体的定义并非一成不变，而是在技术发展过程中不断扩展和丰富。最早的新媒体定义集中在通过互联网和计算机网络传播信息，如电子邮件、新闻网站等。随着移动互联网的兴起，社交媒体、短视频平台、移动应用程序等成为新媒体的重

---

① 杨静．文创产品设计与开发[M]．长春：吉林美术出版社，2018：143.

要组成部分。新媒体的分类可以从技术、平台、传播模式等角度进行划分。例如，按技术可以分为基于互联网的新媒体（如网站、博客、社交网络）和基于移动技术的新媒体（如移动应用、即时通信软件）。按平台可以分为社交媒体平台（如微博、微信）、视频平台（如抖音、YouTube）和信息整合平台（如今日头条）。

此外，新媒体不仅仅限于信息的传播，还涉及娱乐、教育、购物等多个领域。随着人工智能、虚拟现实、增强现实等技术的不断发展，新媒体的定义和范围也在不断扩展。我们可以预见，未来的新媒体形态将更加多样化，信息传播的方式也将更加智能化、个性化。

（二）新媒体技术的发展历程

新媒体技术的发展经历了数十年的演变与创新。从 20 世纪末互联网的普及开始，新媒体技术逐渐渗透到社会的各个角落。早期的新媒体形式以网站、电子邮件、论坛为代表，这些平台通过计算机连接互联网，打破了传统媒体的时间和空间限制，实现了信息的即时传播和全球化共享。如今，宽带互联网的普及和移动技术的飞速发展进一步推动了新媒体的普及。博客、播客等个人媒体形式兴起，标志着"人人皆媒体"的时代到来。此时，社交媒体逐渐成为主流。与此同时，随着智能手机的普及，移动互联网时代全面开启。社交媒体和即时通信工具的整合，使用户不仅可以随时随地获取信息，还能够通过移动设备实现即时的互动与参与。这一阶段的代表性新媒体技术包括微信、WhatsApp 等通信工具以及抖音等社交和短视频平台。

此外，随着 5G 技术的落地，信息传播的速度和容量再度提升，虚拟现实、增强现实、人工智能等新兴技术开始融入新媒体领域，开创了信息传播的新纪元。智能化的推荐算法和数据分析技术的运用，使得新媒体能够根据用户的兴趣、习惯进行精准化的信息推送，提高了信息传播的效率与效果。

（三）新媒体对信息传播的影响

新媒体对信息传播的影响是多层次和深远的。首先，它打破了传统媒体的信息垄断，极大地降低了信息生产和传播的门槛。在传统媒体时代，信息的传播主要依赖于专业媒体机构，受众的参与度较低。而在新媒体时代，任何人都可以通过社交媒体平台发布信息，成为信息的生产者。信息传播的权力从少数精英手中转移到大众手中，形成了"去中心化"的传播模式。其次，新媒体的信息传播速度快、范围广。由于互联网的全球化特性，信息可以在极短的时间内传播到世界各地。社交媒体平台上的信息分享、点赞、转发等互动行为加速了信息的扩散，使得某些事件在短时间内迅速"走红"或"爆炸式"传播。这种信息的快速传播极大地提高了社会对事件的关注度，但也容易导致信息泛滥和虚假信息的传播。

此外，新媒体的个性化和精准化传播模式改变了传统的大众传播模式。通过大数据分析和算法推荐，新媒体能够根据用户的兴趣、习惯、地理位置等信息，提供个性化的信息内容。这种精准化的信息推送提高了用户的黏性和参与度，但也引发了"信息茧房"效应，即用户只接收到自己感兴趣的信息，忽视了对多元观点的接触，从而限制了信息的多样性和客观性。

新媒体还在一定程度上模糊了信息的真实性和权威性。在传统媒体时代，信息的来源通常是专业机构，而在新媒体时代，信息的来源多元且复杂，许多信息未经证实便被广泛传播。这使得公众在面对海量信息时，难以分辨真假，虚假新闻和误导性信息的传播问题日益严重。

(四) 新媒体的独特优势

新媒体的崛起不仅改变了信息传播的方式，也从根本上打破了传统媒体在公共话语领域中的垄断地位。尽管传统媒体因其历史积淀和权威性在受众心中仍有较高的公信力与影响力，但新媒体所独具的技术特性和传播机制，使其在当今信息社会中展现出不可忽视的独特优势。

1. 信息传播的即时性与广泛性

新媒体依托于互联网技术，以其信息传播的迅捷和广泛覆盖，彻底颠覆了传统媒体的传播模式。在传统媒体时代，信息的生产与传播需要经历编辑、排版、出版等烦琐的过程，信息的更新往往具有较强的时效滞后性。而新媒体凭借其数字化的优势，可以实现信息的即时发布与传播，几乎同步呈现全球范围内的各类动态。同时，新媒体的全球性网络架构使得信息可以瞬间跨越国界，传播范围极为广泛，任何事件都能够迅速获得公众的关注与讨论。这种高度的即时性和广泛性赋予了新媒体在信息传播领域无可比拟的优势，使得它不仅是新闻事件的传播平台，更成为社会热点问题讨论与舆论生成的主要阵地。

2. 增强民众话语权与社会参与度

新媒体通过技术手段赋予了普通民众前所未有的话语权。在传统媒体的运作模式中，信息的生产和传播大多由少数精英控制，民众只是信息的被动接受者，缺乏对信息内容和传播渠道的掌控权。而新媒体则以其开放性、去中心化的特点，为每个用户提供了平等表达的机会。借助社交媒体平台，任何个人都可以轻松发布观点、传播信息，甚至对公共事件发表意见。普通民众不再是信息的旁观者，而成为信息生产与传播的主体。正如近年来的众多网络维权行动所展现的那样，民众借助新媒体表达诉求，推动社会变革，有时甚至改变了事件的进程与结局。

此外，新媒体平台上的互动机制极大地提高了民众的参与感和话语权。与传统媒体单向传播的模式不同，新媒体为用户提供了评论、点赞、转发等多种互动方式，民众不仅能够对信息做出即时反应，还可以与其他用户进行讨论、交流，进一步深化了公众在舆论形成中的参与度。这种互动性也使得新媒体成为社会问题、公共政策讨论的主要平台，极大地推动了公共议题的多元化和民主化。

3. 社交互动的便捷性

通过社交媒体平台，用户可以随时随地与他人进行沟通和交流，不论是日常生活中的社交互动，还是对于公共事件的评论和讨论，都能轻松实现。新媒体不仅使信息的传播更为高效，同时也增强了信息传播中的社交属性。用户可以通过新媒体平台与其他人分享个人观点，建立虚拟社交网络，形成跨地域、跨文化的社群。这种即时、便捷的社交互动模式，不仅缩短了人与人之间的距离，还提升了信息传播的广度和深度。

4. 个性化内容的精准推送

与传统媒体的大众化传播模式不同，新媒体通过大数据和算法技术实现了信息内容的个性化推送。这意味着用户在使用新媒体时，可以根据自身的兴趣爱好和需求，获得量身定制的信息和内容推荐。新媒体平台通过分析用户的浏览记录、社交行为等数据，自动为用户推荐相关内容，极大地提高了信息的针对性和有效性。用户不仅能够接收到符合自身兴趣的内容，还能够在信息的海量选择中，更加高效地获取所需信息。这种个性化的内容推送，不仅提升了用户的使用体验，也增强了新媒体在信息传播中的精确度。

5. 打破时空限制的传播特征

新媒体的出现彻底打破了传统媒体在时空上的限制。在传统媒体时代，信息传播受到地域和时间的制约，受众往往只能在特定时间和地点获取新闻和信息。而新媒体借助互联网技术，构建了全天候、全球化的传播体系。受众不再需要守候在特定的时间段收看电视新闻，也不再需要亲自购买报纸获取信息，而是可以随时随地通过智能手机、电脑等设备获取最新的资讯。无论是新闻报道、视频直播还是社交互动，新媒体的时空突破使得信息传播更加灵活和自由，真正实现了全球化的无缝对接。

二、新媒体时代下文化创意产业的发展

(一) 新媒体对文化创意的推动作用

新媒体技术的快速发展极大地推动了文化创意产业的变革。首先，新媒体通过其高效的信息传播能力，为文化创意提供了前所未有的传播渠道。传统的文化传播模式往往受制于物理媒介的局限性，信息的传播速度缓慢且受众群体有限。然而，新媒体的出现打破了这些限制，使得文化创意能够迅速、广泛地传播。以社交媒体平台为例，通过微博、微信、抖音等平台，创意作品能够在短时间内触达大量用户，从而迅速形成传播热点。其次，新媒体提供了更加多样化的创作工具和平台，

为文化创意的生产过程注入了新的活力。数字化技术使得创作者能够利用各种软件工具进行创作，极大地扩展了创作的形式和内容。例如，视频编辑软件、数字绘图工具、VR技术等都为文化创意的表达提供了丰富的可能性。这种技术上的创新不仅提升了创作的效率，还提高了作品的艺术表现力和观赏性。

此外，新媒体还促进了文化创意产业的全球化发展。传统的文化创意产业主要受到地域和语言的限制，而新媒体则使得文化创意产品能够跨越国界，实现全球范围内的传播和交流。通过互联网平台，创作者能够将自己的作品推广到世界各地，接触到不同文化背景的受众，从而推动了文化创意的全球化进程。这种全球化的交流不仅丰富了文化创意的表现形式，也促进了不同文化之间的互鉴和融合。

(二) 文化创意在新媒体中的表现形式

在新媒体环境下，文化创意呈现出多样化的表现形式。这些表现形式不仅反映了技术的进步，也展示了文化创意的广泛应用和创新。首先，短视频成为新媒体环境下文化创意的重要表现形式。平台如抖音、快手等短视频应用的普及，使得用户能够通过短视频的方式展现创意和艺术。这种形式不仅操作简便，而且能够迅速吸引观众的注意力，因而成为文化创意传播的重要载体。短视频的流行还催生了大量的创作者和网红，他们通过短视频平台进行自我表达和内容创作，推动了文化创意的多样化发展。其次，VR和AR技术的应用也为文化创意提供了全新的表现形式。VR和AR技术能够为用户提供沉浸式的体验，使得文化创意作品能够在虚拟或增强的环境中展现。例如，VR技术可以用于创建虚拟展览，用户能够在虚拟空间中参观艺术展览；AR技术则可以将艺术作品与现实世界进行结合，为用户提供互动体验。这些技术不仅丰富了文化创意的表现形式，也提升了用户的参与感和体验感。

此外，社交媒体平台上的互动性也是文化创意在新媒体中表现的重要形式。社交媒体平台允许用户进行实时互动、评论和分享，这种互动性为文化创意作品的传播提供了新的方式。用户的反馈和评论不仅能够帮助创作者改进作品，还能够形成社区效应，推动创意的进一步发展和传播。例如，网络上的创意挑战和标签活动能够迅速聚集大量用户，产生广泛的社会影响。

(三) 新媒体与文化创意产业的互动机制

新媒体与文化创意产业之间的互动机制复杂而多样。首先，新媒体作为文化创意产业的传播平台，能够显著提升文化创意产品的市场可见度和影响力。文化创意产业中的公司和创作者通过新媒体平台进行宣传和推广，可以迅速触达潜在用户，从而扩大市场份额。这种互动机制使得文化创意产业能够充分利用新媒体的传播优势，实现产品的快速推广和市场扩展。其次，新媒体平台提供的数据分析工具为文化创意产业的发展提供了支持。新媒体平台能够收集大量用户数据，包括用户的行为习惯、兴趣偏好等，这些数据为文化创意产业的决策提供了科学依据。通过对这些数据的分析，文化创意产业能够更准确地了解市场需求，优化产品设计和营销策略，从而提高市场竞争力。

此外，新媒体还促进了文化创意产业的创新合作。新媒体平台的开放性和全球化特征，使得文化创意产业中的各类创作者、公司和机构能够跨越地域限制进行合作。通过新媒体平台，文化创意产业能够实现资源共享和信息交流，从而推动创新和发展。例如，跨国公司可以通过新媒体平台与本地创作者进行合作，共同开发具有国际市场潜力的创意产品。

三、新媒体对文化创意内容与形式的影响

(一)新媒体对文化创意内容的影响

1. 新媒体对文化创意内容生产方式的改变

新媒体技术的崛起与普及，深刻改变了文化创意内容的生产方式。在传统媒体环境中，文化创意内容的生产多依赖于专业的创作团队、机构以及有限的技术设备，内容的生产周期长，制作成本高，受制于特定的创作模式和资源分配。然而，新媒体通过提供更加开放的创作平台、多样化的技术工具，以及去中心化的传播环境，极大地降低了内容生产的门槛，催生了新型的创作模式。

首先，新媒体平台提供了丰富的技术支持，打破了创作的专业壁垒。例如，视频制作软件、图片编辑工具以及音乐创作平台等技术工具的普及，使得普通用户可以快速掌握基本的内容制作能力。这种技术的普及使得创作不再局限于专业创作团队，而是形成了以普通用户为主导的内容生产格局。人人皆可成为内容创作者，尤其是在社交媒体平台如 YouTube、TikTok 等的推动下，UGC(用户生成内容)迅速成为文化创意内容生产的重要组成部分。这种转变不仅扩大了内容创作的参与主体，还带来了创作视角的多元化，赋予了文化创意内容更加丰富的内涵。其次，新媒体的实时互动特性赋予了创作过程新的维度。在传统的文化创意内容生产中，创作者与受众之间的互动较为有限，创作与反馈分离。而在新媒体平台上，创作者可以通过评论、投票、实时直播等方式即时获取用户的反馈。这种实时性不仅缩短了创作与反馈之间的时间差，还使得创作过程更加动态化、互动化。创作者可以根据受众的反馈不断调整和优化内容，甚至与受众共同参与创作，形成一种共创机制。这种新的创作模式，不仅提高了内容的受众适应性，还增加了创作的灵活性和趣味性。最后，新媒体平台打破了传统媒体对内容的垄断，赋予了创作者更多的自主权。传统文化创意产业中，内容的生产和发布通常由大型机构控制，创作者的表达自由受到限制，内容的类型和风格也受制于市场需求和行业规则。而在新媒体环境下，创

作者可以自由选择发布平台和内容形式，无须依赖中介机构。这种自主性不仅激发了创作的多样性，也推动了更多独立创作人和小型创意团队的崛起，形成了更加分散化的文化创意生产生态。

2. 新媒体对文化创意内容传播路径的拓展

新媒体不仅改变了文化创意内容的生产方式，也在传播路径上带来了深远影响。传统媒体时代，文化创意内容的传播主要依赖于单向的、大规模的传播渠道，如电视、广播、报纸等，传播路径相对固定且单一。而新媒体的出现，尤其是互联网及社交媒体平台的崛起，拓展了内容传播的广度和深度，使得文化创意内容能够以更加灵活、多样的方式触达受众。

首先，新媒体打破了时空限制，实现了文化创意内容的即时性传播。在传统媒体环境中，文化创意内容的传播往往受到时间和空间的制约，受众必须在特定的时间或地点接收信息。而新媒体通过互联网和移动设备，实现了内容的全天候、无国界传播。文化创意内容可以通过社交媒体、流媒体平台等渠道，在全球范围内迅速扩散，受众可以随时随地进行内容的获取和消费。这种时空上的自由性极大地提升了内容的传播效率，使得文化创意内容能够快速覆盖广泛的受众群体。其次，新媒体的传播路径更加多元化和去中心化。在传统媒体时代，传播路径主要是单向的、线性的，创作者通过有限的传播渠道向受众传递信息。而新媒体通过社交网络、搜索引擎、内容推荐算法等多种机制，建立了更加复杂的传播网络。文化创意内容可以通过多种方式被发现和传播，受众可以主动搜索、分享、评论、转发内容，形成了双向、多向的传播路径。尤其是社交媒体平台的兴起，使得"病毒式"传播成为可能，优秀的文化创意内容可以在短时间内通过用户之间的分享和推荐，实现指数级的传播效果。

此外，新媒体平台的数据分析和精准推送功能，使得文化创意内容的传播更加精准化和个性化。传统媒体往往采用广覆盖的传播策略，内容传播面向大众受众，难以精准触达特定群体。而新媒体通过大数据技术，可以根据用户的兴趣、行为习惯、地理位置等信息，进行个性化推荐和精准投放。这种精准化传播不仅提升了内容的到达率，还提高了内容与受众的匹配度，增强了文化创意内容的传播效果和影响力。

3. 新媒体对文化创意内容消费模式的重塑

新媒体的快速发展，不仅改变了文化创意内容的生产与传播方式，也深刻影响了内容的消费模式。在传统媒体时代，文化创意内容的消费多是被动的、线性的，受众处于信息的接收端，无法对内容进行个性化的选择与定制。而在新媒体环境下，文化创意内容的消费模式变得更加主动化、互动化和碎片化，受众的角色从单纯的内容接受者转变为积极的内容参与者。

首先，新媒体平台赋予了受众更大的选择权。传统媒体通常提供固定的内容套餐，受众的选择范围有限，必须接受内容的线性编排。而新媒体环境下，受众可以通过各种数字平台自主选择感兴趣的内容，按需点播、观看和互动。受众还可以根据自己的兴趣和需求，灵活安排内容的消费时间和方式，无须再受到固定时段和单一渠道的限制。其次，新媒体平台通过互动功能，使得内容消费不再是单向的，而是双向互动的过程。受众不仅可以在观看和阅读文化创意内容的过程中发表评论、点赞、分享，还可以通过参与直播、投票、问答等方式直接与创作者或其他受众互动。这种互动性增强了受众的参与感，模糊了内容生产者与消费者之间的界限。在某种程度上，受众的反馈和参与甚至能够影响文化创意内容的走向和发展，形成一种互动创作的局面。最后，新媒体平台推动了内容消费的碎片化趋势。传统媒体时代，文化创意内容的消费通常是整块的、连贯的，受众需要投入较长时间来完整体验内容。而新媒体环境下，短视频、微电影、图文混排等碎片化内容形式广受欢迎，受众可以在碎片化的时间里快速获取信息。这种消费模式的变化不仅影响了文化创意内容的表现形式，还改变了内容的创作逻辑，创作者需要更加关注内容的简洁性、易传播性和即时吸引力，以适应新媒体环境下受众的碎片化消费习惯。

（二）新媒体对文化创意形式的影响

1. 新媒体技术在文化创意形式上的应用

新媒体技术的不断进步，为文化创意形式的创新提供了丰富的工具和手段。数字技术、虚拟现实、增强现实等新媒体技术的广泛应用，不仅拓展了文化创意的表现手段，还改变了文化产品的呈现方式，使得文创形式更加多样化、互动化。首先，数字技术的广泛应用，使得文化创意的视觉表达更加丰富。传统文化创意形式中的视觉元素多依赖于手工创作和物理媒介，而新媒体技术通过数字化手段，实现了更加复杂和动态的视觉表现。例如，三维动画、虚拟现实等技术手段的应用，使得文化创意产品可以突破平面的限制，呈现出立体、沉浸式的视觉效果。这不仅提升了文创产品的表现力，还增强了观众的视觉体验，形成了更强的视觉冲击力和情感共鸣。其次，增强现实和虚拟现实技术的应用，为文创提供了全新的表现形式。通过这些技术，文化创意产品不再局限于传统的物理媒介，而是可以在虚拟环境中构建出一个完全不同的世界。例如，在博物馆展示、游戏设计、电影制作等领域，虚拟现实技术可以为观众提供更加身临其境的体验，增强了文化产品的互动性和参与感。这种新的表现形式，突破了传统文化创意形式的局限，为文化创意产业带来了全新的发展机遇。

2. 新媒体对文化创意形式创新的推动作用

随着新媒体技术的不断发展，文化创意形式也不断出现新的突破和创新。首先，新媒体平台的开放性和互动性为文化创意形式的创新提供了广阔的空间。创作者可以利用新媒体平台的功能，如实时直播、互动问答和用户生成内容（UGC），来探索新的创作形式和表现方式。这种创新不仅丰富了文化创意的形式，也提高了创作者的创作自由度和灵活性。其次，新媒体技术的应用促进了跨领域的融合创新。例如，游戏和电影的结合，音乐和虚拟现实的结合，以及文学和社交媒体的结合，都是新媒体技术推动下的创新成果。这种跨领域的融合，不仅拓展了文化创意的表现形式，也开创了新的创作思路和方向。最后，新媒体环境下的文化创意形式还体现了全球化和本土化的结合。新媒体平台的全球化特性，使得不同国家和地区的文化创意作品能够相互交流和融合。而本土化的创作又使得文化创意作品能够更好地体现本地文化的特色和价值。这种全球化与本土化的结合，使得文化创意形式更加多样化，也促进了文化的交流与融合。

第二节 旅游产业与文创产品的创新融合设计

一、旅游产业概述

(一)旅游产业的内涵与外延

旅游产业，又称旅游业，是指以满足旅游者的休闲、观光、娱乐等需求为目的，通过提供相关服务与产品来实现经济效益的综合性行业。根据国际旅游组织的定义，旅游产业包括所有涉及旅游活动的商业行为，这些行为涉及从游客出行到目的地的全过程，包括交通、住宿、餐饮、娱乐、文化活动及相关的服务设施等。旅游产业不仅涵盖了直接为旅游者提供服务的部门，还包括了那些间接影响旅游活动的经济部门，例如食品加工、交通基础设施建设以及环境保护等行业。

在内涵上，旅游产业可以被细分为多个子领域，这些子领域相互交织、互为补充，共同构成了旅游产业的整体框架。旅游交通是旅游产业的重要组成部分，涵盖了飞机、火车、汽车、船舶等多种交通方式，这些交通方式不仅使游客能够便利地到达目的地，也直接影响到目的地的旅游发展。旅游住宿业包括了酒店、旅馆、度假村等各类住宿设施，它们为游客提供了休息和居住的环境。旅游餐饮业则涉及各种餐饮服务，包括餐馆、快餐店、地方特色小吃等，为游客提供了丰富的饮食选择。旅游娱乐业涵盖了景区景点、博物馆、文化表演等，为游客提供了丰富的休闲与文化体验。

在外延上，旅游产业不仅涉及这些直接的服务领域，还包括旅游产品的开发、市场营销、旅游规划与管理等环节。旅游产品的开发涉及景区设计、旅游线路规划、活动策划等方面，它们对吸引游客、提升旅游体验具有重要影响。市场营销则包括了广告宣传、品牌建设、客户关系管理等，它们对旅游产业的推广与市场占有率起到了关键作用。旅游规划与管理则涉及对旅游资源的合理利用、环境保护以及旅游政策的制定等，这些方面对于旅游产业的可持续发展至关重要。

(二)旅游产业的发展现状与趋势

近年来，旅游产业经历了显著的发展与变革，显示出了蓬勃的生命力与广阔的发展前景。从发展现状来看，全球旅游产业的增长主要体现在旅游人数的增加和旅游产业收入的提升上，各类旅游消费的增加推动了旅游经济的复苏。旅游产业的发展趋势主要表现在以下方面：

(1)个性化与定制化：随着消费者需求的多样化和个性化，旅游产业逐渐向个性化与定制化方向发展。现代游客不仅关注旅游目的地的基本设施，还希望能够享受到符合个人兴趣和需求的独特体验。这促使旅游企业提供更多定制化服务，如私人定制旅行、主题旅游等。

(2)科技创新的应用：科技的进步对旅游产业产生了深远的影响。从在线预订平台到智能导览系统，从 VR 到 AR 技术，科技的应用使得旅游体验更加便捷和丰富。尤其是移动互联网技术发展以后，游客可以通过手机应用实时获取旅游信息和服务，提升了旅游的便利性。

(3)可持续发展：在全球范围内，旅游产业的可持续发展成为一个重要议题。旅游活动对环境的影响日益受到关注，生态旅游和绿色旅游成为新兴的趋势。各国政府和旅游企业开始重视环境保护，倡导低碳旅游和绿色出行，致力于减少旅游活动对自然资源的消耗和对环境的负担。

(4)旅游业与其他产业的融合：旅游产业与其他产业的融合趋势也在不断增强。例如，旅游与文化产业的融合，推动了文化旅游的发展；旅游与健康产业的融合，催生了医疗旅游和养生旅游的新兴市场。这种跨行业的融合不仅丰富了旅游产品的种类，也提升了旅游产业的综合竞争力。

(5)区域合作与发展：旅游产业的发展也越来越依赖于区域间的合作与协调。许多国家和地区通过建立跨境旅游合作机制，共同开发旅游资源，提升区域旅游的吸引力。这种区域合作不仅有助于资源的共享和优势互补，还能推动区域经济的发展。

(三)景点旅游产业与全域旅游的创新融合设计

1. 景点旅游产业的现状与挑战

改革开放以来，中国旅游产业经历了快速增长，逐渐成为国家经济的重要支柱之一。在此过程中，景点旅游作为传统旅游业的主要形式，为我国经济的发展作出了显著贡献。景点旅游依赖于特定的自然风光、历史遗迹和人文景观，吸引了大量国内外游客，促进了地方经济的发展。然而，随着市场需求的变化和旅游业的不断进步，传统景点旅游面临着诸多挑战，这些挑战主要体现在以下方面：

（1）传统景点旅游过于依赖门票收入作为主要盈利模式，这种单一的盈利方式使得旅游产业的经济收益和市场竞争力受到限制。虽然一些景区在景点基础上增加了餐饮、住宿等附加服务，但整体上仍未能突破门票经济的瓶颈，难以实现盈利模式的多元化。

（2）景点旅游的管理和运营存在一定的局限性。许多景区的开发往往以追求短期经济利益为目标，忽视了生态环境保护和文化传承。这种开发模式不仅对环境造成了压力，也影响了游客的旅游体验。景点的单一功能和重复性开发使得游客的兴趣逐渐下降，导致了旅游资源的浪费和市场的疲软。

（3）景点旅游还面临着区域资源利用不充分的问题。传统的景点旅游往往局限于某一特定区域的开发，未能有效整合周边的自然资源、文化资源和社会资源，导致了旅游发展的局限性和区域经济发展的不平衡。这种局限性不仅制约了旅游业的整体发展，也影响了相关产业的联动效应。

2. 全域旅游的提出

面对传统景点旅游的挑战，全域旅游作为一种新的发展模式逐渐引起了广泛关注。全域旅游不仅关注景点本身，还强调区域资源的全面整合与优化。

全域旅游的核心在于将旅游资源的开发与区域经济发展相结合，通过系统化的规划和整合，实现旅游业与其他产业的协同发展。这种模式不仅强调旅游资源的利用，还重视区域内的生态环境保护和社会文化建设，从而推动区域经济的全面升级。

全域旅游的发展具有多方面的现实支撑。一方面，随着居民收入水平的提高和旅游消费需求的增长，旅游市场呈现出多样化和个性化的趋势，这为全域旅游的发展提供了有力的支持；另一方面，新型城镇化建设和文化事业的发展为全域旅游提供了丰富的资源和机遇，使得全域旅游能够在更广泛的范围内实现资源的整合与优化。

3. 全域旅游的创新融合设计

全域旅游的实施需要在创新融合设计上进行深思熟虑，从而实现旅游产业的全面升级。具体而言，可以从以下方面进行创新融合设计：

（1）资源整合与规划。全域旅游的首要任务是对区域资源进行系统化的整合与规划。这包括自然资源、文化资源、社会资源等的综合利用。通过对区域内的景点、历史遗迹、自然风光等进行科学规划，可以实现资源的最大化利用。同时，要注重对生态环境的保护，避免过度开发对环境造成的负面影响。

（2）多元化盈利模式。全域旅游要求突破传统景点旅游的单一盈利模式，探索多元化的盈利方式，包括旅游产品的创新、文化创意产业的融入、旅游与地方特色产业的结合等。例如，通过开发地方特色的手工艺品、举办文化活动和节日庆典等，可以丰富旅游产品的种类和提升旅游收入。

（3）区域协同与共享。在全域旅游模式下，区域内的各个旅游资源和相关产业需要进行协同合作。通过建立区域内的合作机制，可以实现资源的共享与互补。例如，旅游景区可以与当地的酒店、餐饮、交通等服务设施进行合作，提供一体化的旅游服务，提升游客的整体体验。

（4）智能化管理与服务。随着科技的进步，智能化管理和服务成为全域旅游的重要组成部分。利用大数据、人工智能等技术手段，可以实现对游客流量的精准预测和管理，提高旅游服务的质量和效率。同时，通过智能化的系统，游客可以更方便地获取旅游信息、进行在线预订等，提升旅游体验。

（5）文化融合与传播。全域旅游强调旅游与文化的深度融合，包括地方历史文化的展示、传统艺术的传播、地方习俗的体验等。通过挖掘和弘扬地方文化，可以提升旅游的文化价值和吸引力，不仅丰富了旅游产品的内涵，也增强了旅游对地方经济和社会发展的带动作用。

（6）可持续发展与社会效益。全域旅游的发展必须坚持可持续发展的原则，注重对环境和社会的综合效益。通过制定科学的旅游开发规划和实施环保措施，可以减少对自然环境的负面影响。同时，要关注社会效益，促进地方就业、提升居民生活水平，实现旅游业的社会价值。

4. 全域旅游模式下的文化创意与旅游业融合

全域旅游模式下，文化创意要素有了新定位、新作为，它既可以为全域旅游发展提供文化支撑，也可以为全域旅游提供创意引领，更可以与旅游业进行形式多样的结合，形成新业态，创造新模式。

（1）文化创意与旅游业融合发展的理论认知。

文化旅游是一种动态体验性旅游，以文化创意为灵魂，将旅游经营者创造的观赏对象和休闲娱乐方式作为消费对象和消费内容，从而使旅游者获得富有文化内涵和深度参与感的旅游体验的综合性旅游活动集合。与之相关的活动，我们将其命名为活动经济。由活动经济所形成和促进的旅游形态则为文化创意旅游，主要以动态性和体验性为主要特征。文化旅游是近几年出现并逐渐流行起来的新兴旅游形态，它的出现与人们的生活方式和旅游需求的转变有着密不可分的联系。文化创意元素与旅游业的融合催生了一些新型的文化消费需求，开发和培育出需求不同的文化消费群体。由于人们文化水平、经济收入、社会背景的不同，对于文化产品的认识和理解、消费需求与选择也就不同。

在当今这个注重个性化体验的社会里，那些具备高度参与性和体验性的文化产业新业态，一经面世便迅速吸引了大批消费者。这些消费者对文化创意产品怀有浓厚的兴趣和强烈的购买意愿，从而形成了含义一个崭新的文化消费市场。文化旅游通过将难以言传的文化创意具象化并赋予其深层，使人们在琳琅满目的市场消费中，能够亲身体验到文化创意所带来的前所未有的新鲜感。

（2）文化创意与旅游业融合发展的现实逻辑。

随着新型旅游形态——文化创意旅游的出现，旅游业的社会文化诉求逐渐增强，旅游的非商业化也成为人们新的关注热点，而正是因为旅游的这种非商业化，人们才不得不站在经济圈的外层来看待旅游，看待文化创意产业与旅游业之间的相互关系。

①供给侧的融合逻辑。创意产业本质上是文化创意产业。它主要是以创意为核心增长要素，以高新科技和持续创新为依托，以外化为文化成果的知识产权的实现或消费为特征，具有较高经济效益和就业潜力。对于文化创意产业所包含的领域，世界各个国家和地区都有各自的定义和划分。这里，我们需要明确的是产业融合作为旅游业的发展趋势，将文化创意理念渗透到旅游产品的设计、开发和产业链条的打造、延伸等方面，为旅游业的发展提供了新的思路与新的方向。因此，我们将文化创意产业与旅游业的关系简单地归纳为以下两种：一是包含关系，即文化创意产业包含旅游业。创意产业为旅游业提供文化创意，从而延伸旅游业的产业链，文化创意产业内容的创新与演进为依托自然资源、人文资源的旅游业提供了更为丰富的文化内容，为旅游业发展的创意闪现提供"活水之源"。二是隐含关系，即文化创意产业中的产业与旅游业相融。这种相容性体现在两者之间的相互渗透与相互促进上。文化创意产业中的各个分支，如影视传媒、艺术设计、音乐表演等，都可以成为旅游业的吸引点，为旅游景点增添独特的文化魅力。同时，旅游业的发展也为文化创意产业提供了广阔的市场空间和展示平台，使得文创产品能够通过旅游活动得到更广泛的传播和消费。

②需求端的融合空间。首先是个性体验需求。旅游需求是旅游业发展的驱动力，旅游者则越发强调他们对于旅游的参与性与动态性，对于旅游产品需求的多样性，因而，个性化的体验游便成为旅游业发展的一个新趋势，体验一词也就与旅游紧密地融合为一体，而这种融合恰恰需要文化创意因子的融入，使旅游业突破原有界限，在旅游产品的设计中体现创意元素，通过对原有的旅游活动进行优化重组、整合及创新，不断丰富旅游产品，以便增强旅游者对于旅游的个性化体验，从而更好地促进文化创意产业与旅游业的进一步融合。由此可知，为了更好地满足旅游者这种个性化的体验需求，文化创意等元素被融入旅游业发展的资源整合、活动的体验性设计、旅游产品开发等各个方面，文化创意对旅游业的作用越来越显著，成为旅游业提高竞争力的一种重要手段和方法。

其次是文化体验需求。随着经济的蓬勃发展和人们生活水平的提高，人们不再满足于基本的物质需求，而是逐渐加大对体验性文化的需求。在旅游业发展的过程中，游客的旅游动机也由传统的观光游览转变为文化需求。旅游业的发展必须以自身的旅游资源禀赋为基础，创意元素也要以其为依托，丰富和多样的旅游资源为创意产业和旅游业的融合提供了广阔的空间和无限的可能。自人类社会文化产生伊始，创意就从来没有游离于人类的文化范畴，文化的多样性是创意呈现出多种形式的前提条件。旅游业自身所拥有的自然资源、文化资源也成为创意产业取之不尽、用之不竭的资源后台。

（3）文化创意与旅游业融合发展的现实路径。

①创意优化资源组合，打造品牌影响力。旅游业是以旅游需求为驱动力的产业。旅游业又是在自身特有资源的基础上建立起来的依托型产业，这种资源包括自然资源、人文资源和社会资源等，我们应该注重以文促旅、以旅兴文，以大型旅游节庆活动为载体，推动文化旅游活动的发展，用创意挖掘具有特色的文化旅游资源，通过一定的技术手段对旅游资源进行综合性的开发、加工，并进行深层文化价值的探索、研究以及创造性的整合，从而实现旅游资源的优化组合。文创旅游产品作为旅游景点的衍生品，在开发、包装和设计上，要注重以下三点：一是选准切入点，突出产品的层次性；二是提炼主题，突出产品的系列性；三是丰富文化内涵，突出产品的高品位性。同时，要通过创意思维和新技术使旅游资源和创意产业实现较好的互融，突出旅游产品和旅游场景或旅游环境的文化性，凸显创意旅游产品对文化旅游需求的多元"文化层次"的关怀与满足，打造出具有特色的文化旅游品牌和产业品牌形象。

②创意促使环境优化，提高旅游吸引力。随着社会的发展和人们对文化旅游品位要求的提升，文化旅游地区的主管部门一方面要加强宏观调控，把工作重点转移到规划、指导、协调和监管上，实现职能转变，遵循政企分开的原则，建立新型的政企关系；另一方面要加强规划衔接，做好统筹管理，促进环境美化，提高旅游吸引力。财政、税务、人事、国土、工商等部门要树立大文化观念，认真落实文化产业发展规划和各种政策措施，简化办事程序，提高办事效率，提供优质服务。当地政府应把全面实现文化创意和旅游业的互动融合、开发利用规划作为其任期目标之一，对那些重大文化旅游项目建设的完成情况，如文化旅游景点环境优化、安全管理工作、区域内文化旅游配套项目和环境建设情况等方面制定切实可行的考核指标体系。

③创意促进人才培养，提高人才竞争力。在当今经济全球化和文化多样性日益增强的背景下，创意已成为推动各行各业发展的核心动力。尤其是在文化旅游领域，创意不仅仅是吸引游客的重要因素，更是提升旅游业竞争力的关键所在。首先，文化旅游景区应积极建立与高等院校、科研机构及相关部门的合作关系。这些机构不仅具备丰富的科研和教学资源，还能够提供前沿的创意和理论支持。通过这种横向联系，文化旅游景区可以为自身的人员培训和发展制订科学的计划。这种合作关系有助于将最新的研究成果和创意理念引入实际的旅游项目中，从而提高景区的整体水平和市场竞争力。其次，对现有从业人员的培训和深造是提升其创意能力的重要途径。通过定期的培训和专业进修，景区的从业人员能够不断更新知识和技

能，增强其解决实际问题的能力。这不仅有助于提升个人的职业素养，还能推动整个团队的创新能力，从而更好地适应市场的变化和挑战。

④创意升级产品消费，激活市场消费潜力。在当代市场经济中，创意和创新成为推动产业发展的核心动力。特别是在旅游业这样一个极具市场潜力和文化深度的领域，创意的引入不仅有助于提升产品的竞争力，更是激活市场消费潜力的关键因素。通过对旅游产品的创意升级，可以有效地激发消费者的兴趣和需求，从而实现市场的活跃和经济的增长。

首先是在创意的驱动下提升旅游产品的竞争优势。在现代旅游市场中，单纯依靠传统的旅游产品难以满足消费者日益增长的多样化需求。创意的引入成为提升旅游产品竞争优势的有效手段。例如，结合地方文化特色的旅游产品，如沉浸式体验的文化旅游、参与式的传统工艺制作等，都能够极大地提升游客的参与感和满足感。此外，创意能够帮助旅游产品形成独特的品牌特色。在激烈的市场竞争环境下，拥有独特创意的旅游产品能够更好地与同质化的产品区分开来，比如，将地方历史与现代科技结合，推出 VR 技术支持的历史遗迹游览体验产品，不仅可以提供更为生动的历史体验，还能通过科技创新增强旅游产品的吸引力。文化创意还能够促进旅游市场的深度开发。通过创意的引领，旅游市场不断出现新的业态和样式，如修学游、休闲游、养生游等，这些新兴旅游形式不仅丰富了市场产品的种类，还开辟了新的消费领域。比如，依托山西省丰富的文化资源，发展以地方传统文化为主题的旅游产品，不仅能够提升地方旅游业的竞争力，还能有效促进区域经济的发展。

其次是市场开发与维持，打造差异化的营销策略。要想充分激活市场消费潜力，差异化的营销策略至关重要。首先，针对不同的市场需求和消费人群，应该制定具有弹性的营销策略。传统的营销模式已经难以适应多样化的市场需求，细分市场并针对特定人群推出个性化的旅游产品和服务是当前市场趋势。例如，对年轻消费者推出以冒险和探险为主题的旅游产品，对家庭游客则推出亲子游和家庭互动体验等，这样的差异化策略能够更好地满足不同消费者的需求，提高市场占有率。其次，品牌忠诚度的培养也是市场开发和维持的关键。建立强大的品牌忠诚度不仅能够确保现有客户的持续消费，还能通过口碑效应吸引新客户。利用创意的元素可以在品牌推广中形成独特的品牌形象，从而提升品牌的市场认知度和影响力。例如，通过创意的内容营销和社交媒体推广，将旅游产品的独特亮点和用户体验传播开来，可以有效地提升品牌的知名度和美誉度。

（四）旅游产业与文化创意的创新融合设计策略

1. 文化创意元素融入旅游产品设计

文化创意元素的融入可以从多个维度进行探索，如主题设计、视觉表现、互动体验等。首先要遵循以下设计原则：真实性、创新性和功能性。真实性要求设计师准确把握并呈现地域文化的特色，避免文化的浅层化和表面化。创新性则强调在传统文化的基础上进行创意性的再造，赋予文化元素新的表达形式和功能。功能性则关注文化创意元素如何在实际使用中提升旅游产品的使用价值和体验价值。在具体设计技巧上，需要注意以下方面：

（1）文化主题的明确性：在产品设计初期，明确文化主题是基础。通过调研和分析，确定产品所要表现的文化核心，比如地方传统、历史遗迹或民俗风情。设计中应突出这一主题，使其成为产品的主线。

（2）视觉表现的丰富性：视觉表现是文化创意元素的直观体现。运用设计语言、色彩搭配和图形元素，将文化内涵转化为视觉形象，使其具有吸引力和识别度。例如，可以通过传统纹样、手工艺品的图案装饰来增强文化氛围。

（3）互动体验的设计：将文化创意元素融入互动体验中，可以增强游客的参与感和沉浸感。例如，通过设立互动展区、体验工坊等，让游客参与文创产品的生产和体验过程，提高他们的文化认同感和参与感。

（4）功能性与美学的结合：设计不仅要满足美学要求，还需兼顾产品的实用功能。例如，在设计旅游纪念品时，可以将传统工艺与现代功能结合，既保留文化特色，又满足实用需求。

2. 旅游体验与文化创意的深度融合

旅游体验的深度与广度是评价旅游产品质量的重要指标。文化创意可以显著提升旅游体验的层次感和丰富度，通过创新的体验方式，让游客更深刻地感受目的地的文化氛围。具体从以下方面探讨提升旅游体验的方式。

（1）沉浸式体验：沉浸式体验通过高度还原的环境和场景，让游客仿佛置身于历史或虚拟的世界中。例如，利用数字化技术重现古代生活场景，或通过角色扮演让游客参与到历史事件中，极大地增强了文化体验的沉浸感。

（2）互动体验：互动体验则强调游客与旅游产品之间的动态互动。这种互动可以通过多种方式实现，如 VR 技术中的互动游戏、AR 中的信息叠加等。通过这种方式，游客不仅能获取信息，还能主动参与体验过程，增加了体验的趣味性和教育性。

（3）定制化体验：定制化体验满足了游客的个性化需求。例如，通过大数据分析了解游客的兴趣和偏好，提供量身定制的旅游线路或活动，这种个性化的服务可以提升游客的满意度和忠诚度。

（4）地域文化与特色挖掘：地域文化体现了一个地区的历史、传统和特色，是旅游产品设计的核心资源。有效的地域文化挖掘不仅能够增强旅游产品的独特性，还能提升其市场竞争力。例如，通过对地方传统工艺、历史遗迹和民俗活动的深入研究，设计出具有地域特色的旅游产品。

二、旅游文创产品的创新融合设计

(一)旅游文创产品的类型

旅游文创产品,顾名思义,是融合了地方文化特色与旅游元素,通过创意设计转化而成的实体或虚拟商品。这些产品不仅承载着丰富的文化内涵,还满足了游客对旅游地独特记忆的追寻与收藏需求。从类型上划分,旅游文创产品大致可以分为以下方面:

文化衍生品:这类产品通常以旅游地的标志性建筑、历史人物、民俗传说等为设计灵感,通过图案印制、雕塑塑造、纺织品织造等方式,将文化元素融入日常用品中,如T恤、明信片、钥匙扣、纪念章等。这些产品因其便携性、实用性和纪念性,深受游客喜爱。

手工艺制品:手工艺是地方文化的重要组成部分,将传统手工艺与现代设计理念相结合,创作出既具有传统韵味又不失时尚感的文创产品,如手工编织的民族风挂饰、陶瓷艺术品、木雕摆件等。这类产品不仅展示了匠人的精湛技艺,也传递了文化的温度与深度。

互动体验产品:随着科技的发展,越来越多的旅游文创产品开始融入互动元素,如AR导览册、VR体验游戏、智能语音导览器等。这些产品通过科技手段,让游客在互动中深入了解旅游地的文化背景,增强了旅游的趣味性和参与感。

特色食品与饮品:地方美食是旅游文化中不可或缺的一部分,将地方特色食品或饮品进行包装设计,使其成为便于携带的文创产品,如特色糕点礼盒、地方茶叶套装等。这类产品不仅满足了游客的味蕾享受,也成为传播地方文化的一种新方式。

(二)旅游文创产品的设计原则

旅游文创产品的设计,既是对传统文化的传承,也是对现代审美和市场需求的回应。在进行设计时,应遵循以下原则:

文化原真性:文创产品的核心在于其文化内涵,因此设计时应深入挖掘旅游地的文化底蕴,确保产品的设计元素真实反映地方特色,避免文化的扭曲和过度商业化。

创新性:在尊重传统文化的基础上,设计师应勇于突破传统框架,运用现代设计理念和技术手段,为传统文化注入新的活力。创新性不仅体现在产品形态上,也体现在功能、材质、使用方式等多个方面。

实用性:文创产品不仅要具有观赏价值,还应具备一定的实用性,以满足游客的日常生活需求。实用性强的产品更容易被游客接受和喜爱,从而促进文化的传播。

市场导向性：设计文创产品时，应充分考虑市场需求和消费者偏好，进行市场调研和分析，确保产品能够契合目标市场的审美趣味和消费习惯。

可持续性：在追求经济效益的同时，文创产品的设计也应注重环保和可持续性，选择环保材料，减少包装浪费，倡导绿色消费理念。

(三)旅游文创产品创新设计的市场潜力

随着旅游业的快速发展和消费者对文化旅游需求的日益增长，旅游文创产品市场展现出巨大的发展潜力。

市场需求旺盛：在旅游过程中，游客对具有地方特色的文创产品有着强烈的购买意愿，这些产品不仅作为旅游纪念，也是馈赠亲友的佳品。因此，市场需求持续旺盛，为文创产品提供了广阔的市场空间。

产业升级推动：文化旅游产业的融合发展，促使旅游文创产品成为提升旅游品质、延长旅游产业链的重要环节。政府和企业对文创产业的重视和支持，为文创产品的创新设计提供了良好的政策环境和资金保障。

科技融合赋能：科技的进步为文创产品的设计带来了无限可能。数字化、智能化技术的应用，使得文创产品更加生动有趣，增强了游客的体验感。同时，电商平台的发展也为文创产品的销售和推广提供了便捷渠道。

文化自信提升：随着国家文化软实力的增强和民族自信心的提升，越来越多的游客开始关注和喜爱具有中国传统文化元素的文创产品。这为文创产品的设计提供了丰富的文化资源和设计灵感。

国际化拓展：随着全球化的深入发展，中国旅游文创产品也开始走向国际市场。具有中国特色的文创产品不仅展示了中国文化的魅力，也促进了中外文化的交流与互鉴。

第三节　农业发展与文创产品的创新融合设计

一、农业发展与文化创意融合的创新设计

(一)文化资源挖掘与利用

1. 深入挖掘当地文化资源

在农业发展与文化创意融合的过程中，深入挖掘和利用当地文化资源是基础。地方文化资源，包括民俗文化、民间故事和传统手工艺，构成了一个地区独特的文化底蕴和历史积淀。这些文化资源不仅体现了地方的传统智慧和艺术风貌，也蕴藏着丰富的创意潜力。民俗文化作为一种重要的文化资源，其独特的节庆活动、传统仪式和风俗习惯，提供了丰富的创意素材。例如，某些地方的传统节庆可以作为农产品的市场推广点，设计相关的文化活动吸引游客。同时，传统的民俗故事可以成为农产品包装设计中的灵感源泉，通过故事化的方式提升产品的文化附加值。民间故事常常承载着地域特有的历史和价值观，这些故事不仅具有文化趣味性，还能增强消费者对产品的认同感。例如，将传统的民间故事融入农产品的品牌故事中，可以提升产品的情感价值和市场吸引力。

此外，传统手工艺是地方文化的重要组成部分，其精湛的技艺和独特的设计风格可以直接影响农业产品的创意设计。通过挖掘和利用这些传统手工艺，不仅能够保护和传承地方的文化遗产，还能为农业产品的创新提供新的思路。例如，将传统的刺绣工艺应用于农产品包装袋上，可以形成独具特色的产品，增强市场竞争力。

2. 文化资源转化为创意元素

将挖掘出的文化资源转化为创意元素，并有效融入农业发展中，是实现农业与文化创意融合的关键步骤。首先，文化创意元素的设计需要充分理解地方文化的核心价值和象征意义。通过与地方文化专家和设计师的合作，可以将传统文化符号和现代设计语言结合，创造出具有地方特色的农业产品。例如，通过对传统民俗图案的现代化设计，可以设计出具有地方文化特色的农产品包装和宣传材料，增强产品的市场辨识度。其次，文化创意元素的应用应当注重产品的实用性和美观性。将地方文化融入产品设计中，不仅要考虑文化元素的展示效果，还要确保产品在功能和质量上的优越性。例如，在设计农产品的外包装时，可以融入传统的工艺技法，同时保证包装的防护性和便捷性，从而提升产品的整体市场竞争力。最后，文化创意元素的融入需要依托于有效的市场调研和消费者需求分析。通过对目标市场和消费者的深入了解，可以精准定位文化创意元素的应用方向，确保产品设计能够满足市场需求。

（二）融合策略设计

1. 产品融合

产品融合是农业发展与文化创意融合的核心策略之一。通过将文化创意融入农产品的设计和包装中，可以显著提升产品的附加值和市场竞争力。特色包装设计是产品融合的重要手段。通过将地方文化元素融入农产品包装中，可以增强产品的视觉吸引力和文化内涵。例如，利用地方传统艺术形式（如剪纸、陶艺等）进行包装设计，可以使产品在货架上脱颖而出，引起消费者的兴趣。开发农产品的衍生品也是提升附加值的有效途径。通过将文化创意应用于农产品的衍生品（如工艺品、纪念品等）的设计中，可以拓宽产品的市场范围，创造新的收入来源。例如，某些地方的特色农产品可以开发成以当地民俗故事为主题的工艺品，既能丰富产品线，又能吸引更多的消费者。

2. 产业融合

产业融合是农业与文化创意结合的另一个重要方面。通过与其他产业(如旅游业)的融合,拓展农业的市场空间,创造新的发展机会。农业景区建设是产业融合的一个有效路径。通过将农业与旅游业相结合,建设以农业为主题的景区,不仅能够展示地方农业的魅力,还能吸引大量游客。例如,在农田中设置观光路线、体验活动等,可以让游客深入了解当地农业文化,提升其对农产品的认知和兴趣。农业旅游活动的策划也是产业融合的重要形式。通过组织以农业为主题的体验活动(如农田采摘、农耕体验等),可以增强游客的参与感和满意度。同时,这些活动也能成为农产品推广的重要渠道,提高产品的市场认知度和销售量。

3. 品牌融合

品牌融合是提升农业产品市场竞争力的关键策略之一。通过打造具有地方特色的农业品牌,可以提升品牌价值,增强市场认同感。品牌故事的构建是品牌融合的重要环节。通过挖掘地方文化中的独特故事和传说,形成富有文化内涵的品牌故事,可以增强品牌的情感价值和吸引力。例如,将地方的历史故事与品牌形象结合,能够为品牌赋予独特的文化背景,提高消费者的品牌忠诚度。品牌文化的塑造也是品牌融合的关键。通过将地方文化元素融入品牌的视觉设计、市场传播和客户体验中,可以提升品牌的文化价值和市场影响力。

(三)技术与平台支持

现代信息技术在农业与文化创意融合中发挥着重要作用。互联网、大数据和人工智能等技术的应用,不仅能够优化融合过程,还能提升融合效率和质量。互联网技术为农业与文化创意的融合提供了广阔的平台,通过互联网,可以实现农业产品的在线销售和文化创意的在线推广。例如,建立以地方农业和文化创意为主题的电商平台,可以拓宽产品的销售渠道,提升品牌的市场曝光度。大数据技术的应用可以帮助分析消费者的需求和市场趋势,从而优化文创产品的设计和推广策略。通过对市场数据的深入分析,可以精准定位目标市场和消费者需求,调整产品设计和营销策略,提高市场竞争力。通过人工智能技术,可以实现农业生产的智能化管理,提高生产效率,同时,在文创产品中,人工智能也可以辅助创意设计过程,提高设计效率和创意质量。

二、以文创产品引领新农业发展的融合研究

在全球经济转型与升级的宏大叙事中,新农业作为一股创新型、复合型的产业力量,正以其独特的魅力和无限的潜力,逐渐成为推动农业高质量发展、提升农业附加值的核心驱动力。文创产品,作为创新思维与文化创意的结晶,其在新农业发

展中的深度融入，不仅为农业开辟了新的发展视野，更为其注入了丰富的文化资源、提供了强大的智力支撑，并构建了多元化的业态体系，引领新农业走向一条融合发展的光明之路。

（一）文化创意：新农业发展视野的拓展者

文化创意以其独特的创新视角，为传统农业带来了前所未有的变革。传统农业，往往局限于土地耕种与供应链管理，而文化创意的融入，则打破了这一封闭模式，将农业与旅游、娱乐、艺术等多元产业紧密相连，形成了开放的产业生态链。

以农产品品牌化、艺术化为例，文化创意在农产品包装设计上的运用，使得农产品不再仅仅是食物，而是成为传递地域文化、历史记忆的艺术品。如浙江的龙井茶，其包装设计不仅注重实用性，更融入了龙井茶产地的山水元素与茶文化，使包装本身成为一件具有收藏价值的艺术品。这样的设计，不仅提升了产品的市场竞争力，更吸引了众多对茶文化感兴趣的消费者，实现了农产品从普通消费品到文化符号的升级。

农田艺术与农业公园的出现是文化创意与农业深度融合的又一典范。在日本，稻田艺术已成为一种独特的旅游景观，艺术家们利用不同颜色的水稻，在稻田中绘制出巨幅画作，吸引了大量游客前来观赏。而在中国，农业公园的建设也如火如荼，如江苏的农业嘉年华，将农业生产与休闲娱乐相结合，让游客在体验农耕文化的同时，享受乡村的宁静与美好。这些创意形式，不仅促进了农业生产，还发展了农业旅游，为农村地区带来了新的经济增长点。

（二）文化资源：新农业发展的丰厚滋养

农业，是历史与传统的载体，在中国，农耕文化、乡土文化源远流长，而文化创意的介入，将这些隐性资源转化为显性价值，为农产品赋予了深厚的文化内涵，为新农业的发展提供了丰富的文化资源。

以地域文化特色的农产品包装为例，云南的普洱茶包装设计中常融入少数民族的图腾与图案，如傣族的象脚鼓、彝族的火把节元素，使包装成为展示云南多元文化的窗口。这样的设计，不仅提升了产品的文化附加值，还加强了消费者与产品之间的情感连接，让消费者在品尝普洱茶的同时，也能感受到云南的独特魅力。

农业文化节的举办，则是文化资源在新农业中的又一重要应用。如山东的苹果文化节，不仅展示了苹果的种植技术与品种多样性，还通过苹果雕刻、苹果美食制作等活动，让游客亲身体验苹果文化的魅力。这样的文化节，不仅吸引了大量游客，还提升了当地苹果品牌的知名度与美誉度。

(三)智力支撑：新农业发展的创新引擎

文化创意不仅为新农业提供了丰富的文化资源，更为其提供了强大的智力支撑。设计师、艺术家、文化学者等创意人才的参与，为农业开发带来了新的思路与方案。

在农产品创意包装设计方面，设计师们通过深入挖掘农产品的地域特色与文化内涵，设计出既实用又具有艺术美感的包装。

在商业模式的创新上，文化创意也发挥了重要作用。如智慧农业、生态农业等新型农业模式的出现，就是文化创意与现代科技相结合的产物。这些模式不仅提高了农业生产的效率与可持续性，还为消费者提供了更加健康、环保的农产品。同时，文化创意还通过教育培训等方式，提升了农民的创新意识与文化素养。如一些地区举办的农民画培训班、乡村手工艺人培训项目等，让农民在掌握传统技艺的同时，也学会了如何将这些技艺与现代市场需求相结合，创造出更多具有市场竞争力的文创产品。

(四)业态支持：新农业发展的多元化路径

文化创意的融入，不仅为新农业提供了新视野与智力支撑，更为其提供了多元化的业态支持。新农业的发展，已经扩展到体验、服务、文化消费等多个领域。

农业旅游与乡村民宿的兴起，就是文化创意与农业深度融合的产物。如浙江的莫干山民宿群，将传统农舍改造成具有现代设计感的民宿，让游客在享受乡村宁静的同时，也能感受到设计的魅力。而农业主题活动的举办，如采摘节、农耕体验营等，则让游客在参与中体验到农耕文化的乐趣。此外，文化创意还为农业产品的多样化发展提供了可能。如将农产品与文创产品相结合，推出具有文化内涵的综合性产品。如江苏的阳澄湖大闸蟹，不仅蟹本身品质上乘，其包装中还附赠了蟹文化手册、蟹钳造型的开瓶器等文创产品，使消费者在品尝美食的同时，也能感受到蟹文化的独特魅力。

第四节 影视产业与文创产品的创新融合设计

影视是现代艺术的综合形态，是随着科学技术的发展而出现的一种实现视觉和听觉综合观赏的艺术形式。随着市场经济的不断发展和商业化潮流的涌现，影视领域也呈现了新的发展面貌。将影视文化元素与商品经济活动相结合，通过生产、加工、复制等多种手段创造影视文化产品，从而满足消费者的影视文化需求，成为影视产业发展的必经之路。

一、影视产业的认知

(一)影视产业的文化功能

影视产业作为一种文化传播的载体，承担着重要的社会文化功能。影视作品以其独特的视听语言，能够迅速传递信息、传播思想、塑造价值观，进而影响大众的认知与行为。正因为其强大的传播力，影视产业也成为文化软实力建设的重要途径。因此，影视作品在全球范围内的流行，尤其是跨文化传播中，发挥了增强国家间文化交流、促进文化融合的作用。

同时，影视产业的文化功能也具有双重性。一方面，它可以通过精心制作的作品弘扬正能量，传播积极的文化和思想；另一方面，也可能由于市场需求或其他因素的影响，内容变得庸俗化、低俗化。因此，如何在保障市场化运作的同时，保持影视作品的文化品质，避免其对社会产生负面影响，是影视产业从业者必须面对的挑战。

(二)影视产业的经济效应

影视产业不仅是一种文化载体，同时也是一种具有巨大经济效应的产业。影视制作、发行、放映等环节所涉及的资金流动，带动了上下游相关产业的发展。例如，电影的拍摄需要动员大量的资本、技术和人力，涉及演员、导演、编剧、制片等多方资源，同时与服装、道具、后期制作等行业密切相关。这种产业链式的联动效应，使得影视产业不仅是文化产品的提供者，更是经济增长的重要推动力。

此外，影视产业的全球化趋势也进一步推动了其经济价值的提升。随着技术进步和互联网的普及，影视作品的传播渠道从传统的影院和电视台扩展到网络平台，作品的市场范围也从单一国家扩展至全球市场。这种跨国界的传播形式，不仅扩大了受众群体，也为影视作品的制作和发行带来了更多的商业机会。然而，影视产业的经济效应并非没有局限性，影视产业具有较高的风险性，尤其是在制作环节，巨大的资金投入和市场的不确定性往往使得影视项目面临着较大的失败风险。随着全球市场的竞争加剧，各国影视产业之间的博弈也日益激烈，如何在激烈的国际竞争中保持竞争力，成为各国影视产业面临的共同问题。

(三)影视产业的科技驱动

影视产业的发展与科技的进步密不可分。自从电影诞生以来，技术的革新一直推动着影视产业的进步。从最早的黑白无声电影，到彩色有声电影，再到如今的3D、4D和虚拟现实技术，科技进步不断拓展了影视作品的表现形式，也丰富了观众的视听体验。尤其是近年来，数字技术的迅猛发展为影视制作带来了革命性的变化。计算机特效、虚拟拍摄、人工智能剪辑等新技术的应用，使得影视作品的制作流程更加高效，创作空间更加广阔，作品的表现力也得到了极大的提升，不仅推动了影视作品在艺术层面上的创新，也提高了影视产业的生产效率和市场竞争力。

然而，科技的发展虽然为影视产业提供了更多的可能性，但也带来了一些新的问题。例如，过度依赖特效和技术的作品，容易忽视剧本质量和演员的表现，导致作品空有技术却缺乏艺术深度。此外，随着技术门槛的降低，影视内容的生产量急剧增加，市场上充斥着大量质量参差不齐的作品，如何在这样一个信息爆炸的时代中甄别优质内容，成为影视产业面临的另一大挑战。

二、影视产业与文创产品的关联性

在当今全球文化产业的广阔版图中，影视产业与文创产品作为两大核心要素，两者之间的关联性日益凸显，共同塑造着文化经济的崭新面貌。影视产业，作为现代文化娱乐的重要载体，不仅承载着艺术表达与文化传承的使命，更在市场化与产业化的进程中，展现出强大的经济驱动力。而文创产品，作为文化创意的具体物化形态，是文化产业创新与发展的活力源泉，其在影视产业中的渗透与融合，为文化产业的繁荣发展开辟了新的路径。

(一)影视创作：文创灵感的源泉与艺术表达的载体

影视作品的创作过程，实质上是文化创意不断凝聚与释放的过程。剧本构思、角色塑造、场景设计、情节展开等每一个环节都蕴含着创作者的独特视角与创新思维。文创产品，作为这种创新思维的物质延伸，与影视作品形成了紧密的内在联系。在影视作品中，文化创意不仅体现在内容的原创性与艺术的多样性上，更在于如何将这些元素巧妙融合，创造出具有高度辨识度和吸引力的文创产品。以《权力的游戏》为例，这部史诗级的影视作品不仅以其宏大的世界观、复杂的人物关系和精妙的情节设计赢得了全球观众的喜爱，更在文创产品领域大放异彩。电影中角色服饰的复刻、武器道具的模型制作、主题音乐的改编、场景地图的绘制等一系列环节均推出了相关文创产品，不仅满足了粉丝的收藏与欣赏需求，更在无形中拓展了影视作品的文化影响力与商业价值。

(二)产业链条：文创衍生与影视产业的共生共荣

影视产业的繁荣不仅体现在作品本身的成功上，更在于其能够带动相关产业链的发展。一部成功的影视作品往往能够衍生出一系列的文创产品，形成庞大的产业链条。这一链条的延伸与拓展，离不开文创产品的有力支撑。以好莱坞为例，其成功的电影作品不仅带来了可观的票房收入，更通过文创产品的开发，如玩具、服饰、主题公园等，实现了文化的深度挖掘与商业价值的最大化。这些文创产品不仅延续了影视作品的生命周期，更在无形中传播了作品的文化内涵与价值观念。在影视产业与文创产品的共生共荣中，文化产业的整体实力得到了显著提升。

(三) 文化身份：文创表达与影视传播的全球影响

影视产业与文创产品的关联性还体现在文化身份的建构与文化传播的影响上。影视作品作为文化的重要载体，承担着传播文化、塑造文化身份的使命。而文创产品，作为影视作品中文化元素的物化形态，更是成为文化传播的重要工具。例如，韩国影视产业的成功不仅在于其高质量的内容制作，更在于通过文化创意将韩国的文化元素与现代化的叙事方式相结合，形成了具有全球影响力的"韩流文化"。这种文化传播方式，不仅提升了韩国影视作品的国际影响力，也使得韩国的文化创意产业在全球文化市场中占据一席之地。

三、影视产业与文创产品的创新融合设计策略

(一) 内容创新策略

内容创新是影视产业发展的核心驱动力，也是文创产品设计的灵魂所在。在全球化与本土化交融的背景下，影视产业如何通过内容创新实现作品的差异化、特色化发展，成为行业面临的重大课题。挖掘本土文化资源、跨界合作引入多元文化元素，成为影视产业塑造独具一格文化产品、提升国内外市场影响力的关键路径。

1. 挖掘本土文化资源，打造特色影视作品

影视作品的文化根基决定了其能够引发多大程度的观众共鸣。通过深入挖掘本土文化资源，影视产业能够打造具有民族特色、地方文化色彩的影视作品，既满足了国内观众对本土文化的认同感，也增强了作品的国际竞争力。

(1) 本土文化资源涵盖了丰富的历史、民俗等元素，这些内容不仅可以为影视创作提供源源不断的素材，还能通过影像形式加以再现与传播，使观众在感受视觉冲击的同时，也能领略到文化内涵。例如，电影《大红灯笼高高挂》通过呈现传统的中国封建家族文化，展现了深厚的本土文化魅力，这种基于中国文化背景的影视创作成功引起了观众的高度共鸣。

(2) 影视产业在挖掘本土文化资源的同时，也应当注重传统文化的现代化转型，通过将传统文化进行现代化的解构与重组，使之更契合现代观众的审美需求。例如，近年来大热的中国古装剧不仅通过恢宏的历史背景构建引人入胜的故事情节，还将古代文化与现代影视技术相结合，增强了作品的观赏性与文化深度。

(3) 挖掘本土文化资源不应该局限于历史、民俗等传统题材，也可以融入当代本土生活元素，反映中国当代社会的现实问题和发展动态。通过对当代文化与生活的真实描绘，影视作品可以更好地引发观众的情感共鸣。

2. 跨界合作，引入多元文化元素

跨界合作是推动影视产业内容创新的重要途径。通过与其他文化创意领域的合作，影视作品可以吸收多元文化元素，形成独特的文化混搭风格，使其更加具有全球化视野和吸引力。

(1)跨界合作能够拓展影视作品的创作思路。通过与文学、音乐、游戏等领域的合作，影视产业可以从不同的文化形式中汲取灵感，创新叙事手法与内容形式。例如，近年来改编自网络文学的影视作品广受欢迎，不仅是因为其新颖的题材和内容结构，还因为其能够充分结合网络文学的特点，满足了年轻观众对故事性和趣味性的双重需求。

(2)多元文化元素的引入能够丰富影视作品的文化内涵。通过与不同文化背景的创作团队合作，影视作品可以打破单一的文化框架，呈现出更为多元化的文化景观。例如，国际合拍片《卧虎藏龙》通过融合多国文化元素，成功打造出了跨文化传播的影视作品，不仅展示了中国武侠文化的独特魅力，还通过国际化的合作方式实现了中西方文化的碰撞与交流。

(二)技术创新策略

1. 利用数字技术提升影视制作水平

数字技术的发展为影视制作提供了前所未有的创作自由与技术支持。从后期特效到虚拟拍摄，数字技术的运用不仅提升了影视作品的视觉表现力，也降低了制作成本，缩短了制作周期。

(1)数字技术的应用使得影视创作可以更加自由地进行虚拟场景的构建与特效的制作。现代影视作品中，许多场景并非真实存在，而是通过计算机生成图像(CGI)技术实现的。例如，科幻电影《阿凡达》通过复杂的 CGI 技术构建了一个完整的虚拟世界，使观众仿佛置身于潘多拉星球之中，增强了视觉震撼效果。

(2)数字技术的应用为影视制作带来了更加精细的画面处理与效果呈现。无论是高动态范围图像(HDR)的运用，还是 4K、8K 超高清技术的普及，数字技术使影视作品的画面更加细腻、真实，提升了观众的观影体验。

2. 探索虚拟现实(VR)、人工智能(AI)等新技术在影视产业中的应用

VR、AI 等新兴技术的引入，进一步拓展了影视产业的创作边界。这些技术不仅可以为观众带来全新的互动体验，还能够在影视制作、剧本创作等环节中发挥重要作用。

(1)虚拟现实技术的应用改变了观众的观影方式。通过 VR 技术，观众可以身临其境地体验影视作品中的场景与情节，打破了传统影视作品与观众之间的距离感，带来了更加沉浸式的观影体验。

(2)人工智能技术在影视创作中的应用日益广泛。从智能剧本创作到虚拟演员

的生成，AI 技术为影视产业带来了新的创作手段，例如，根据设定的情节框架，自动生成部分剧本内容，节省了创作时间，同时虚拟演员技术的运用也为影视产业提供了更多的可能性，如电影《星球大战：侠盗一号》中通过 AI 技术成功"复活"了已故演员，使其完成了角色表演。

(三)营销创新策略

在竞争激烈的影视市场中，营销创新同样是决定影视作品成败的重要因素。通过运用社交媒体与网络营销，构建粉丝经济与社群营销，影视产业可以实现精准化的营销推广，提升作品的影响力与市场份额。

1. 社交媒体的运用

随着互联网的普及，社交媒体已经成为影视作品宣传的重要平台。通过社交媒体的精准推广，影视作品可以迅速获取广泛的曝光度，吸引目标观众的关注与参与。

社交媒体的互动性和即时性使其成为影视营销的得力工具。影视作品可以通过微博、微信、抖音等平台发布预告片、幕后花絮、演员访谈等内容，吸引粉丝的关注与转发。例如，《流浪地球》在上映前通过社交媒体进行了大量的预热宣传，成功激发了观众的观影热情。同时，社交媒体的精准推送功能使影视营销更具针对性。通过大数据分析，影视作品可以根据观众的兴趣、行为偏好等信息进行定向推送，提高宣传的效率与效果。

2. 粉丝经济的构建

粉丝经济是影视产业营销中不可忽视的重要策略。随着网络社群的形成和壮大，粉丝不仅是影视作品的消费者，更是其主动传播者和参与者。通过构建粉丝经济体系，影视产业可以将粉丝力量转化为推动作品传播和变现的有效途径。

粉丝经济的本质在于通过作品与粉丝的紧密互动，激发粉丝的情感共鸣和参与热情，从而形成持续的消费动力。影视作品通过各种形式的线上线下互动活动，如见面会、签售会、线上投票、周边产品开发等，增强粉丝的参与感和归属感。通过这种方式，影视作品不仅能够维系已有粉丝群体，还能吸引新的观众加入。

(四)产业链协同策略

产业链协同是推动影视产业与文创产品创新融合的重要策略，通过整合上下游资源，促进产业之间的融合发展，可以形成更加完善的产业生态体系，为影视产业和文创产品的创新发展提供有力支撑。

1. 加强影视产业上下游的紧密合作

影视产业的上下游包括前期策划、制作、后期处理及发行推广等。上下游的紧密合作不仅有助于提高生产效率，还能够降低成本、提升作品质量。例如，在后期处理环节，影视企业可以与技术公司形成战略合作，利用高新技术提升作品的视觉效果与观赏性。在发行推广环节，影视产业可以与媒体、广告公司等合作，通过多渠道、多平台的宣传，扩大作品的市场影响力。影视作品的成功不仅依赖于其内容和制作，更离不开有效的市场推广策略。例如，电影《哪吒之魔童闹海》通过大规模的线上线下广告宣传，成功引爆了话题热度，迅速积累了大量观众群体，并成功带火了该系列的文创产品。

2. 构建影视产业与文化创意产业的协同创新平台

文化创意产业涵盖了影视、音乐、文学、游戏、艺术设计等多个领域，影视产业与其他文化创意领域的协同创新能够形成更强的产业合力，提升整个文化创意生态的竞争力。通过构建协同创新平台，影视产业可以与其他文化创意领域实现资源共享、技术互通和市场联动，促进创意与技术的深度融合。影视产业可以通过与游戏、文学等领域的跨界合作，推动IP（知识产权）的多元化开发和应用，通过将热门影视作品改编为游戏、小说、漫画等衍生产品，可以延伸作品的生命周期，拓展其盈利模式。例如，《哈利·波特》系列不仅是全球热卖的电影，还被改编成了畅销的游戏和衍生的周边产品，形成了完整的IP产业链。影视产业还可以与艺术设计、时尚等领域合作，在视觉呈现、服装设计、场景构建等方面进行跨界创新。例如，电影《指环王》系列在服装设计上融合了大量的中世纪元素，成功塑造了独具风格的奇幻世界，提升了影片的艺术表现力。

参 考 文 献

[1]陈建廷，姚光红．谈陶瓷艺术在文创产品设计中的融合创新[J]．参花，2024
　　（12）：80．

[2]崔冰清．中国传统文化元素在现代文创产品设计中的应用[J]．大众文艺，2020
　　（2）：74-75．

[3]窦敬楠，张珊，李哲．文化创意产业与农村农业融合发展研究[J]．农村科学实
　　验，2019（13）：114．

[4]付振宇．基于地域文化的文创产品创新设计[J]．包装工程，2019，40（20）：
　　215-218，222．

[5]郭岚．文创产品设计及应用研究[M]．长春：吉林出版集团股份有限公
　　司，2020．

[6]郝凝辉．文创产品设计理论研究和实践探讨[J]．工业设计，2016（9）：73，76．

[7]胡燕．浅析文创产品设计方法及创新[J]．艺术与设计（理论），2017，2（8）：
　　92-93．

[8]解春凤．地域文化元素在文创产品设计中的应用[J]．包装工程，2020，41
　　（8）：313-316．

[9]李常乐．地域性文创产品设计的现状分析与设计研究[J]．美术教育研究，2021
　　（2）：65-67．

[10]李倩．地方特色文化在文创产品中的运用和融合[J]．营销界，2020（31）：
　　197-198．

[11]刘林．基于用户体验的文创产品设计[M]．长春：吉林大学出版社，2022．

[12]刘青．文化传承导向下的文创产品设计原则研究[J]．艺术品鉴，2020（3）：
　　89-90．

[13]刘亚军．文化创意产业的知识产权保护[J]．社会科学辑刊，2015（3）：60-65．

[14]彭莉．地域性文创产品设计的叙事表达[J]．湖南包装，2019，34（6）：20-23．

[15]汤懿．新媒体环境下文创产品设计审美趋势研究[J]．美术大观，2019（2）：
　　114-115．

[16]唐聪，刘静．地域文化元素在文创设计中的应用研究[J]．西部皮革，2024，
　　46（3）：117．

［17］王慧敏，曹祎遐．文化创意产业发展的理论与实践探索［M］．上海：上海社会科学院出版社，2018.

［18］危杨雨璇．绿色设计理念下文创产品的融合创新［J］．剧影月报，2024（2）：91.

［19］吴存东，吴琼．文化创意产业概论［M］．北京：中国经济出版社，2010.

［20］徐媛，陈婧．文旅融合背景下的文创产品开发设计研究［J］．智库时代，2020（5）：9-10.

［21］许黎雯．文创产品设计中地域文化艺术元素应用分析［J］．艺术品鉴，2020（35）：60-61.

［22］杨静．文创产品设计与开发［M］．长春：吉林美术出版社，2018.

［23］袁国宏．论发展我国旅游纪念品的重要意义［J］．商业研究，2003（10）：3.

［24］张博雅．影响受众在文创产品领域消费的因素分析研究［J］．戏剧之家，2019（17）：143.

［25］张璐璐．关于文创产品设计中的传统元素运用初探［J］．明日风尚，2021（4）：155-156.

［26］周承君，何章强，袁诗群．文创产品设计［M］．北京：化学工业出版社，2019.

［27］周培艺．文创产品设计对非遗文化的保护与传承［J］．西部皮革，2021，43（2）：104-105.

［28］周星．中国音像产业现状与发展分析［J］．现代传播（中国传媒大学学报），2006（1）：8.